Lorbeer
Literaturverlag

ISBN 978-3-938969-35-9

Harry Kirchwehm

Mediennutzung und Homosexualität

Eine empirische Studie zum Mediennutzungsverhalten LSBT-Jugendlicher und junger Erwachsener im Kontext ihrer sexuellen Identität

Lorbeer - Verlag
Bielefeld 2014

INHALTSVERZEICHNIS

1 Einleitung

Das Mediennutzungsverhalten Jugendlicher und junger Erwachsener im Kontext ihrer sexuellen Identität kann bislang als nahezu unerforscht gelten. Viele der existierenden Studien unterscheiden die Mediennutzung nach Variablen wie Bildungsstand, Migrationshintergrund oder Geschlecht, jedoch aber nicht nach sexueller Orientierung. Da der gesellschaftliche und politische Diskurs mittlerweile sehr deutlich die Integration von geschlechtlicher Vielfalt und sexuellen Orientierungen fördert und fordert[1], ist es dementsprechend durchaus notwendig, diese Unterscheidungsvariable in den Blick zu nehmen. Es ist zu vermuten, dass Jugendliche und junge Erwachsene mit homosexueller Orientierung ein anderes Mediennutzungsverhalten aufweisen, als es heterosexuelle Jugendliche tun. Daher gilt in dieser Forschungsarbeit darzustellen, wieso eine auf sexuelle Orientierung angelegte und damit unterscheidende Studie erforderlich ist und es wird dann der Frage nachgegangen, ob sich der Medienkonsum homosexueller Jugendlicher von dem Medienkonsum heterosexueller Jugendlicher tatsächlich unterscheidet.

Die durch den medienpädagogischen Forschungsverbund Südwest jährlich durchgeführte JIM-Studie, ist zentraler Pfeiler der vorliegenden Studie und stellt die empirische Grundlage für eine Spezialisierung der Untersuchung dar. Das zu entwickelnde Forschungsdesign widmet sich der Gruppe von jungen Lesben, Schwulen sowie Bisexuellen und verfolgt die Frage, wie diese Internet und digitale Medien nutzen und ob sich ihre Mediennutzung von der der heterosexuellen Jugendlichen unterscheidet. "Bereits in den ‚Gründerjahren' des Internets waren Schwule und Lesben im Cyberspace präsent, kommunizierten in eigens gegründeten Foren, Newsgroups und IRC Channels. Seit einigen Jahren haben sich die privaten und kommerziellen Internet-Angebote für Angehörige dieser Zielgruppe in einer fast nicht mehr überschaubaren Vielfalt entwickelt." (Hoffarth 2009, S. 7)

Die Rolle von digitalen Medien und ihre Nutzung haben sich in den letzten Jahren stark verändert und bekommen fortwährend mehr Bedeutung. War das Internet einst ein Ort zur Informationsbeschaffung, so entwickelte es sich weiter zum Mitgestaltungsmedium.

Mit der Veränderung der »virtuellen Welt« in den letzten Jahren, haben sich auch die Möglichkeiten der Nutzung und des Mitgestaltens im Internet verändert. Waren

[1] So wurde von der nordrhein-westfälischen Landesregierung im Jahr 2012 der „NRW-Aktionsplan für Gleichstellung und Akzeptanz sexueller und geschlechtlicher Vielfalt – gegen Homo- und Transphobie“ verabschiedet, der sich mit über 100 Zielformulierungen dieser Thematik widmet. MGEPA 2012

früher Chatportale recht anonym und mit wenigen Informationen über den Nutzer konzipiert, so ist in der heutigen Zeit die Frage nach dem »welche Daten sind von mir denn **nicht** im Internet erkennbar?« dominierend. Dieses birgt unter anderem die Gefahren von Fremdouting, Diskriminierung und Cybermobbing.
Bevor die Frage, wie junge Lesben und Schwule bei der Entwicklung der eigenen Identität digitale Medien und das Internet nutzen, beleuchtet wird, werden die Zusammenhänge herausgestellt, wieso dem Aspekt der sexuellen Orientierung bei der Mediennutzung so viel Bedeutung zukommt, warum zu vermuten ist, dass junge Lesben, Schwule und Bisexuelle ein anderes Mediennutzungsverhalten haben als die heterosexuellen Jugendlichen und wieso es als wichtig erachtet wird, im Zeitalter der Medien diese Aspekte zu untersuchen. Das Kapitel 2 widmet sich der Situation und Lebenswelt von jungen Lesben, Schwulen und Bisexuellen in ihrem Coming-Out. Erkenntnisse dazu liefern diverse Studien, die belegen und dokumentieren welche Schwierigkeiten diese Lebensphase mit sich bringt.
Im Kapitel 3 wird dann die Rolle der Medien in der heutigen Zeit sowie das Mediennutzungsverhalten von Jugendlichen thematisiert. Hier werden allgemeine Grundsätze aber auch Ergebnisse der JIM-Studie 2012 dargestellt. Dabei bleibt zu beachten, dass die JIM-Studie natürlich nicht ausschließlich heterosexuelle Jugendliche befragt hat und eine gewisse Anzahl LSB-Jugendlicher[2] in der Studie vertreten sein wird, da aber nicht nach sexueller Orientierung unterschieden wurde, lassen sich diese Ergebnisse nicht herausfiltern. Jedoch ist die Wahrscheinlichkeit einer feststellbaren Veränderung der Ergebnisse durch diese geringe Anzahl von LSB-Jugendlichen[3] sehr gering. Insofern können die Ergebnisse der JIM-Studie durchaus als Spiegelbild einer heterosexuell orientierten Jugend interpretiert werden.
Die Vorgehensweise zur Entwicklung des Forschungsdesigns wird im Kapitel 4 beschrieben, dieses leitet sich aus der JIM-Studie ab und wird im Kapitel 5 dargestellt. Da die Autor*innen der JIM-Studie die Fragestellungen nicht freigeben und nicht veröffentlicht haben, müssen aus den veröffentlichten Ergebnissen, Fragestellungen rekonstruiert werden, mit denen dann untersucht werden kann, ob schwule und lesbische Jugendliche das Internet und digitale Medien anders oder in spezifischerer

[2] Die Abkürzung LSB wird verwendet um Lesben, Schwule und Bisexuelle zusammenzufassen.
[3] Eine durch das Smith/ Kinsey Institut 1998 systematisch durchgeführte Untersuchung in Frankreich, Belgien, England, Norwegen, Dänemark und den Niederlanden ergab, dass bei etwa 2-3 % der sexuell aktiven Männer, und bei 1-2 % der Frauen davon ausgegangen werden kann, dass sie sich ausschließlich mit gleichgeschlechtlichen Partner*innen sexuell engagieren. Diese Zahlen sind aber als eine sehr konservative Darstellung zu beurteilen, da zum einen nicht klar ist, ob alle befragten Personen wahrheitsgemäße Angaben gemacht haben und durchaus viele Befragte ihr Coming-Out vielleicht noch nicht durchlebt haben Fiedler 2004, S. 64. Für Deutschland gibt es darüber hinaus solche Untersuchungen nicht. Weit verbreitet ist aber die Schätzung, dass 5 – 10% der Menschen homosexuell veranlagt sind (vgl. auch Fiedler 2004, S. 63).

Weise nutzen. Im Kapitel 6 werden dann die Ergebnisse der JIM-Studie 2012 mit den in dieser Befragung erlangten Ergebnissen verglichen, die anschließende Reflexion der Ergebnisse versucht die Unterschiede der Mediennutzung in den beiden Bezugsgruppen darzustellen (Kapitel 7).

Das abschließende Fazit (Kapitel 8) soll dann als Grundlage für Handlungsforderungen und Perspektiven zur Schaffung von spezialisierten Medienangeboten sein und ungeklärte Fragen fokussieren, auf denen dann Folgeuntersuchungen basieren können.

"Das in Gesellschaft und Wissenschaft dominierende binäre Geschlechterverständnis führte lange Zeit zu der einheitlichen Auffassung, dass eine frühe eindeutige Geschlechtszuweisung notwendig sei." (Fiedler 2004, S. 169)

Mittlerweile weicht man von dieser Meinung ab, Transgender rücken in den Fokus der Wissenschaft und bekommen die Möglichkeit zur Entfaltung ihrer persönlichen sexuellen Identität. Dieser Wandel findet insofern Beachtung, indem bei der Teilnahme an der Befragung die Möglichkeit bestand, sich nicht dem männlichen oder weiblichen Geschlecht zuordnen zu müssen. Aufgrund der geringen Fallzahl derjenigen, die diese Möglichkeit nutzten (3%), widmet sich die vorliegende Studie in erster Linie den schwulen, lesbischen und bisexuellen Jugendlichen. Diese fachliche Selektion darf nicht als Benachteiligung oder Diskriminierung verstanden oder empfunden werden.

2 Situation und Lebenswelt schwuler, lesbischer und bisexueller Jugendlicher

Jugendliche gleichgeschlechtlicher Orientierung müssen sich über ihre Veranlagung klar werden und lernen, diese zu akzeptieren. „Schwul“ oder „Schwuchtel“ gehören zu den beliebtesten Schimpfwörtern auf deutschen Schulhöfen (vgl. Klocke 2012, S.5) und damit erleben die Jugendlichen, dass die gleichgeschlechtliche Zuneigung zwischen zwei Jungen negativ assoziiert ist. "Offenbar gehört "schwul" als Schimpfwort so zur Normalität, dass selbst von nicht heterosexuellen Schüler/inne/n die Abwertung ihrer sozialen Gruppe nicht bewusst wahrgenommen wird." (Klocke a.a.O., S. 87)

Mittlerweile wird das Wort »schwul« vielerorts bereits als Umgangs- und Jugendsprache empfunden und unreflektiert über damit verbundene Diskriminierungsgefühle, sogar nicht nur von Jugendlichen verwendet. So gebrauchte die Stadt Zweibrücken in einem Kinder- und Jugendkalender den Slogan "Nüchtern cool, saufen schwul" (vgl. Spiegel online 2013, Internetquelle). Die damit verbundene Protestwelle seitens der Schwul-lesbischen Community[4] formulierte zu Recht: „Dieser Kalender ist mit öffentlichen Geldern geförderte Homophobie" (Spiegel online 2013, Internetquelle) und verlangte, dass dieser Kalender zurückgezogen wird. In einer Rechtfertigung seitens der Stadtverwaltung Zweibrücken hieß es, man habe sich der Jugendsprache anpassen wollen, um somit die zu vermittelnden Botschaften anschlussfähig zu machen. Dass damit aber Alkoholmissbrauch und Schwulsein gleichgestellt wurden und damit das Wort »schwul« wieder eine Negativ-Assoziation erfahren hat war den Herausgebern nicht bewusst. Auf die Konfrontation mit dieser Kritik reagierte die Stadt erst, indem sie die Sache als Bagatelle darstellte, später aber dann doch den Kalender zurückzog und vernichtete.

Dieses Beispiel ist eines von vielen die verdeutlichen, wie leichtfertig in unserer Gesellschaft mit diskriminierenden Inhalten umgegangen wird und an denen Kinder und Jugendliche (egal ob sie homosexuelle Veranlagungen haben oder nicht) Schwulsein als negativ besetzt und nicht gewollt erleben. Darüber hinaus wachsen sie in dem heteronormativ geprägten Verständnis und den damit verbundenen und tradierten Rollenbildern unsere Gesellschaft auf. Es darf nicht vergessen werden, dass bei der Entstehung von Werten, Einstellungen und daraus resultierenden Rollenbildern die Beeinflussung durch Medien einen wesentlichen Aspekt darstellt (vgl. Mikos und Mikos 2009, S. 8). Die heteronormative Orientierung der Gesellschaft zeigt sich in der Aufteilung eines binären Geschlechtersystems, in dem es nur

[4] Vertreten durch den LSVD, Lesben und Schwulenverband in Deutschland

das weibliche und das männliche Geschlecht gibt, heterosexuelles Begehren wird als natürlich und normal definiert. Diese heterosexualisierte Geschlechterbeziehung und Paarbildung wird als Ursprung und Grundlage aller sozialen und gesellschaftlichen Beziehungen verstanden und stellt daher eine elementare Wichtigkeit für gesellschaftliches Verständnis, Prozesse und Institutionen dar. Dementsprechend werden schwule, lesbische oder bisexuelle Begehrensstrukturen sowie Transsexualität und Transidentität als Abweichung der Norm empfunden (vgl. Hartmann und Klesse 2007, S. 9). Geschlechterrollen sowie Geschlechtsidentität aber auch die sexuelle Orientierung sind klar definiert. Frauen haben weibliche Geschlechtsmerkmale, zeigen ein weibliches Verhalten und begehren das männliche Geschlecht. Männer haben demnach männliche Geschlechtsmerkmale, zeigen männliches Verhalten und begehren das weibliche Geschlecht. „Die Heteronormativität drängt die Menschen in die Form zweier körperlich und sozial klar voneinander unterschiedener Geschlechter, deren sexuelles Verlangen ausschließlich auf das jeweils andere gerichtet ist.“ (Wagenknecht 2007, S. 17)

Dieses heteronormative Denken stellt Heterosexualität als Norm und Homosexualität als Abweichung dar (vgl. auch Fiedler 2004, S. 74). Daraus ergibt sich zum einen, dass Kinder und Jugendliche für sich selbst die heteronormativen Grundvorstellungen internalisieren und gar nicht schwul oder lesbisch sein wollen, darin begründet sich dann eine Ablehnung anderer, die so empfinden. Bei homosexuell veranlagten Jugendlichen führt dies zu der Erkenntnis, dass ihre inneren Bedürfnisse und Wünsche nicht mit den erlernten Grundvorstellungen übereinstimmen und sie beginnen im Prozess ihrer Selbstfindung, sich und ihr empfundenes »Anderssein« in Frage zu stellen, "Wer oder was bin ich eigentlich?" (Kolanowski 2009, S. 113), ihre gleichgeschlechtlichen Gefühle zu unterdrücken (vgl. Senatsverwaltung für Schule 1999, S. 31), oder gar zu verleugnen (vgl. Kolanowski 2009, S. 113).

Zu dem grundsätzlichen Konflikt in der Pubertät, nicht mehr als Kind behandelt, sondern als erwachsen angesehen werden zu wollen, kommt der Konflikt, nicht dem habitualisierten, heteronormativen Gesellschaftsbild zu entsprechen, eine Diskrepanz die den Prozess der Selbstfindung erschwert. Mit diesen Empfindungen vollzieht sich das innere Coming-Out (das Akzeptieren der eigenen gleichgeschlechtlich liebenden Lebensweise) oftmals auch über mehrere Jahre. Das empfundene »Anderssein« bedingt häufig ein Zurückziehen dieser Jugendlichen, um nicht aufzufallen oder erkannt zu werden. „Es ist Isolation, die die Situation von lesbischen und schwulen Jugendlichen bestimmt“ (Hark 2000, S. 27), denn „die Ergebnisse[5] weisen aus, dass

[5] Auf die im Jahr 1999 vom niedersächsischen Ministerium für Frauen, Arbeit und Soziales durchgeführte Untersuchung wird im späteren Verlauf näher eingegangen.

die wichtigsten Lebensfelder (Familie, Schule, peer-group) zugleich die homophobsten sind.“ (Biechele 2001, S. 31)
Mit dem Rückzug gehen Einsamkeit und Isolation einher. Dadurch ergibt sich mehr Zeit des Alleinseins als es bei Jugendlichen der Fall ist, die in Peergroups integriert sind. Diese Freizeit will nun gestaltet werden, etwa durch Musik hören, spielen am Computer oder an der Konsole bis hin zum Surfen im Internet zur Erforschung des "Andersseins". Hieraus leitet sich dann die Vermutung ab, bei LSB-Jugendlichen könne man im Vergleich mit gleichaltrigen Heterosexuellen von einem anderen Mediengebrauch ausgehen.
Dem inneren Coming-Out folgt dann das äußere Coming-Out (das in der Öffentlichkeit Dazustehen) und damit beginnt für LSB-Jugendliche der Kampf mit dem Alltag. Sie erfahren aufgrund ihrer sexuellen Orientierung häufig Brüche in Beziehungen, Freunde ziehen sich zurück, die Eltern haben oftmals kein Verständnis (vgl. Senatsverwaltung für Schule 1999, S.34–47). Das sind alles Faktoren, die dazu beitragen, dass sich ihre emotionale Entwicklung dadurch verzögert[6], dem folgt, dass sie nicht selten Anschluss und Anhang bei fremden Personen suchen, das Internet bietet hier viele Möglichkeiten (über das Internet andere »Gleichgesinnte« kennenzulernen, ist wahrscheinlicher als diese im Supermarkt oder in öffentlichen Verkehrsmitteln zu treffen), birgt aber auch Gefahren. Die Einsamkeit und die Sehnsucht nach Zweisamkeit führen mitunter dazu, dass Jugendliche viel Zeit im Internet damit verbringen, sich diese Sehnsüchte und Bedürfnisse zu erfüllen. Denn „das Internet ist [...] in der Lage, Entfernungen zu überbrücken, so dass die Wahrscheinlichkeit erhöht wird, jemanden kennen zu lernen [...]." (Watzlawik 2003, S. 123)
Darüber hinaus kommt dem sozialen Umfeld der Jugendlichen (dazu gehören neben Familie und Freunden auch Schulen und Einrichtungen der Kinder- und Jugendhilfe) eine große Bedeutung zu. Die Koordinierungsstelle für gleichgeschlechtliche Lebensweisen der bayrischen Landeshauptstadt München, führte Ende 2010 eine kommunale Befragung von 793 Mitarbeiter*innen in der Kinder- und Jugendhilfe durch, um zu erfahren, wie diese die Lebenssituationen von schwulen, lesbischen und transgender Jugendlichen wahrnehmen. Vermehrt ist das Fachpersonal der Meinung, dass das Coming-Out nach wie vor sehr schwierig ist und Jugendliche zu den alltäglichen pubertären Problemen in diesem eine höhere Belastung erleben (vgl. Unterforsthuber 2011, S. 1–10).
Diese Aussage wird auch durch die im Jahr 1999 vom niedersächsischen Ministerium für Frauen, Arbeit und Soziales veröffentlichte Dokumentation über die Lebens-

[6] Diese Aussage wird im weiteren Verlauf dieses Kapitels nochmals aufgegriffen und ausführlicher dargestellt.

situation von schwulen Jugendlichen[7] bestätigt: "Auf die Frage, ob sie glauben, dass sie als schwule Jugendliche mit größeren Problemen belastet sind als die gleichaltrigen Jungen, die nicht schwul sind, antworten zwei Drittel der Befragten mit „Ja“." (Biechele 2001, S. 2)

Jedoch suchen diese Jugendlichen selten Hilfe in den Kinder- und Jugendhilfen und werden dort nicht ausreichend wahrgenommen, dies zeigt sich insbesondere in der geringen Anzahl von Angeboten und Informationen für Schwule, Lesben und Transgendern seitens der Einrichtungen (vgl. Unterforsthuber 2011, S. 9, 16–17).

Auch in den Schulen werden homosexuelle Jugendliche von ihren Lehrer*innen nicht ausreichend wahrgenommen. So berichtet nur eine/r von zwölf befragten Lehrer*innen, die in einer Untersuchung an Berliner Schulen befragt wurden, von einem schwulen Schüler, keine/r von einer lesbischen Schülerin, obwohl etwa ein Fünftel der befragten Schüler*innen angaben, sich zum gleichen Geschlecht hingezogen zu fühlen (vgl. Klocke 2012, S. 88–89). Als Handlungsforderungen stehen demnach die Schaffung von "akzeptierenden sozialen Räumen", der Förderung des fachlichen Umgangs mit diesem Thema in Schulen und Kinder- Jugendhilfen, sowie die Gestaltung von Angeboten der Öffentlichkeitsarbeit, um betroffene und interessierte junge Menschen und deren Eltern zu stärken (vgl. Unterforsthuber 2011, S. 1–10).

Die Ergebnisse dieser Studien lassen sich dahingehend interpretieren, dass LSB- und transgender Jugendliche in ihrem Coming-Out alleine dastehen. Weder Familien und Freunde, noch Schulen oder Kinder- und Jugendhilfen sind adäquate Begleiter. Das Internet und digitale Medien lassen sich als Bezugsrahmen verstehen, in dem sie Informationen suchen und finden sowie Gleichgesinnte kennenlernen können. Daher kommen dem Internet, den sozialen Netzwerken und deren Möglichkeiten, eine besonders hohe Bedeutung im Coming-Out zu, auch darin liegt die These begründet, dass LSB-Jugendliche digitale Medien und das Internet anders nutzen als heterosexuelle.

---

[7] Diese Studie befasste sich nur mit schwulen Jugendlichen, auf eine vergleichbare Studie die sich ausschließlich mit der Lebenssituation von lesbischen Jugendlichen befasst (Klein, Sabine/ Schütz, Sigrid 1996, Freundinnen – Eine Studie zur Lebenssituation lesbischer Mädchen, herausgegeben vom Jugendnetzwerk Lambda NRW) wird dem begrenzten Umfang der Arbeit geschuldet, an dieser Stelle nur verwiesen.

2.1 Sexuelle Orientierung

Sexuelle Orientierung stellt sich in vielen Facetten dar. Diese gehen vom Begehren, über Träume, sich in jemanden verlieben, zu gesellschaftlichen und partnerschaftlichen Ebenen: Zugehörigkeit, nicht alleine sein, nicht alleine alt werden, aber auch in der Schule oder im Berufsalltag vom Privatleben erzählen können oder eben nicht. Dabei unterscheidet sich die sexuelle und die emotionale Ebene, auf beiden gibt es Facetten der Phantasien und des Verlangens (vgl. Watzlawik 2009b, S. 81). Um die Frage »Bist Du homo-, bi- oder heterosexuell? « beantworten zu können, müsste es eine genaue Definition dieser Begriffe geben.

Seit den 1930er Jahren befasste sich der Biologe Alfred Charles Kinsey mit der Sexualität des Menschen und stellte heraus, dass das tatsächliche Verhalten von Männern und Frauen nicht den verbreiteten Werten von Kirche und Staat entsprach und die von ihnen mit dem Gefühl von Devianz oder schlechtem Gewissen praktizierte Sexualität in Form von Masturbation, vorehelicher Sexualität, Oralverkehr, außerehelichem Koitus und Homosexualität zum einen natürlich und zum anderen verbreiteter war als bis dahin angenommen wurde (vgl. Schmidt 2009, S. 356). Er befragte mit seinem Team von insgesamt neun Interviewern in den Jahren 1938 bis 1963 17.502 Personen (9.777 Männer/ 7.725 Frauen) zu ihrem sexuellen Verhalten und ihren sexuellen Erfahrungen (vgl. Schmidt a.a.O., S. 354). „Kinsey ist vermutlich der Sexualwissenschaftler, der das Sexualleben der Menschen in der westlichen Welt und ihre Einstellungen zur Sexualität im 20. Jahrhundert am stärksten beeinflusste.“ (Schmidt a.a.O., S. 351)

Er sprach sich sowohl gegen eine festgelegte Dichotomie der Geschlechter, als auch einer Festlegung in der sexuellen Orientierung aus, die für ihn nur in einer definierten Zeit des Lebens zutraf. Seine Studien widersprechen der Annahme zweier klar trennbarer Gruppen, Homosexualität und Heterosexualität und er kam zu der Erkenntnis, dass nur sehr wenige Menschen ausschließlich heterosexuell oder homosexuell leben. Dies lässt sich anhand einer von ihm entwickelten 7-Punkte-Skala veranschaulichen (Abbildung 1 Kinsey Skala). Die Stufen 0 und 6 stellen die jeweils eindeutige Hetero- bzw. Homosexualität, die Stufen 1-5 die Übergänge zwischen diesen Extremen dar, wobei Individuen auf der Stufe 3 gleichviel heterosexuelles wie homosexuelles Verhalten aufweisen (vgl. auch Fiedler 2004, S.41).

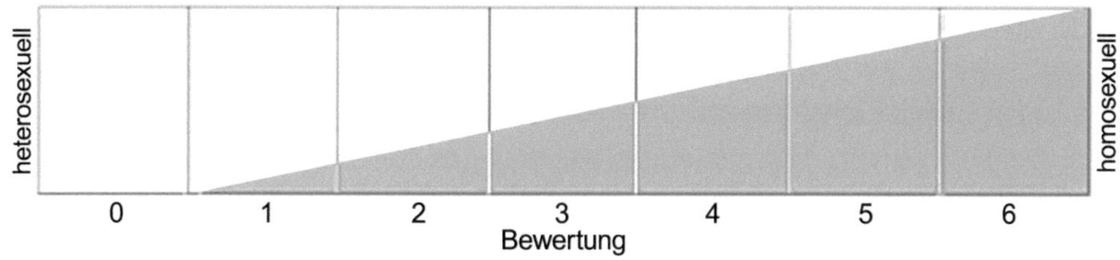

0. ausschließlich heterosexuell
1. vorwiegend heterosexuell, nur gelegentlich homosexuell
2. vorwiegend heterosexuell, aber mehr als gelegentlich homosexuell
3. gleichermaßen heterosexuell und homosexuell
4. vorwiegend homosexuell, aber mehr als gelegentlich heterosexuell
5. vorwiegend homosexuell, nur gelegentlich heterosexuell
6. ausschließlich homosexuell

Abbildung 1 Kinsey Skala
Bewertungsskala Heterosexuell - Homosexuelle, nach Kinsey
(Gross und Buchli 2008, S. 140)

Kinsey betont immer wieder in seinen Berichten, dass „Verhalten“ hier sexuelle Kontakte, psychische Reaktionen und Erfahrungen gleichermaßen meint. Psychische Reaktionen zeigen sich in der Form von Begehren, Wünschen, Träumen und Phantasien. Die Skala kombiniert zwei unterschiedliche Ebenen - die der realen Sexualkontakte und die der rein psychischen Reaktionen, die nicht zu äußerlichen Handlungen führen. Diese Abstufung stellt die Option dar, dass zwischen den beiden gegensätzlichen Gruppen, der Heterosexuellen und Homosexuellen, viele Menschen im Laufe ihres Leben auf dieser Skala hin- und herwandern (vgl. Lautmann 1993, S. 230ff).

Jedoch besteht die sexuelle Orientierung aus verschiedenen Kategorisierungen, die es in ihrer Vielschichtigkeit vielen schwer macht, sich eindeutig einer Gruppe zuzuordnen. So sind sexuelle Neigungen und sexuelles Verhalten, emotionale und soziale Vorlieben, sexuelle Phantasien und der gewählte Lebensstil, nicht zuletzt aber die Selbstidentifikation individuelle Merkmale, aus denen sich die sexuelle Orientierung des Menschen zusammensetzt (vgl. Watzlawik 2009a, S. 24). Die beschriebene Vielschichtigkeit soll deutlich machen, dass es nicht möglich ist, eine eindeutige Definition für die Begrifflichkeiten hetero- bi- und homosexuell zu formulieren. Diese Absicht wird hier auch nicht verfolgt. Es soll dargestellt werden, wie schwer es ist, Eindeutigkeit in diese Thematik zu bringen und soll verdeutlichen, warum es für Jugendliche so problembehaftet ist, im Prozess der sexuellen Identifikation Klarheit über Gefühle und Gedanken zu bekommen.

Alle Jugendlichen (egal ob hetero-, bi-, oder homosexuell) erleben, wenn sie ihre Sexualität entdecken gleiche Gefühle; es handelt sich dabei immer um Gefühle von "Erregung, Verliebtheit und Neugier" (Kolanowski 2009, S. 147). Auf dem Weg der Persönlichkeitsentwicklung kommen aber Zweifel an den eigenen Gefühlen auf und führen zu großer Unsicherheit, gerade wenn die meist »plötzlich« auftauchenden Gedanken und Phantasien nicht in das vom sozialen Umfeld vorgelebte Gesellschaftsbild passen, also wenn es sich um gleichgeschlechtliche Gedanken und Phantasien handelt. Das Erkennen der eigenen homosexuellen Neigung geschieht zwar sehr häufig in der frühen bis späten Adoleszenz (frühe A. bis zum 15. Lebensjahr, späte A. 16. bis 22. Lebensjahr) (vgl. Watzlawik 2009b, S. 83), kann sich aber auch in jedem Alter eines Erwachsenen ereignen. Im Rahmen der vorliegenden Forschungsarbeit wird jedoch nur auf die Altersspanne vom 14. bis zum 27. Lebensjahr Bezug genommen. Eine Begründung der Ausrichtung auf diese Altersgruppe wird in Kapitel 5.1 erfolgen.

2.2 Coming-Out

In einer Studie der Universität Braunschweig wurden im Jahr 2006, 720 junge Männern im Alter zwischen 16 und 27 Jahren zu ihrem Coming-Out befragt. Von diesen erlebten 49,7% ihr Coming-Out bis zum 15. Lebensjahr, weitere 42,5% im Alter von 16 – 22 Jahren. Es bleiben also 7,8% die erst im Alter des jungen Erwachsenen ihr Coming-Out erlebt haben (vgl. Watzlawik a.a.O., S. 81–83).
„Der Begriff Coming Out wurde durch Morin & Miller (1974) geprägt und wird momentan am häufigsten für die Identitätsbildung homo- und mittlerweile auch bisexueller Menschen verwandt." (Watzlawik 2003, S. 46) Zu dieser Identitätsbildung gehören die Phasen des Bewusstwerdens der sexuellen Bevorzugung, bis hin zur Akzeptanz und der Integration dieses Wissens in das eigene Selbstbild sowie dem persönlichen und sozialen Leben (vgl. Watzlawik ebd.). In der heutigen, durch Individualisierungsprozesse gestalteten Gesellschaft sind die Verläufe von jedem einzelnen Coming-Out unterschiedlich und facettenreich. Dennoch bleibt einem jeden Coming-Out der Prozess des Erkennens vom Anderssein bis hin zu dessen Selbst-Akzeptanz auf der einen Seite und die Ängste vor gesellschaftlicher Ausgrenzung und homophoben Reaktionen auf der anderen Seite gleich. „Sich damit zu beschäftigen, dass man sich zum gleichen Geschlecht hingezogen fühlt, bedeutet nach wie vor, sich auf unsicheres Gelände zu wagen, in das Selbstbild die Zugehörigkeit zu einer verachteten Minderheit zu integrieren." (Biechele 2001, S.6)
In einer qualitativen Untersuchung wurden unter einer spezifischen Fragestellung 30 ausgewählte Beträge aus einem für diese Untersuchung angelegten Diskussionsforum bezüglich des Coming-Out mit der Voice-Methode[8] ausgewertet. Die auf diese Weise analysierten Einträge ergaben eine Vielzahl von »Einzelstimmen«, die kategorisiert und dann geclustert wurden. Sowohl die Gruppe der Jungen und Männer, als auch die der Mädchen und Frauen beinhalteten die gleichen grundlegenden Inhalte. "Eine Betrachtung der individuellen Verläufe zeigt, dass bei den meisten Jugendlichen und jungen Erwachsenen die belastenden Stimmen wie die Voice-Cluster »Stimmen der Unsicherheit und Selbstzweifel«, »Stimmen der Abwehr und des krisenhaften Erlebens der Bewusstwerdung« und »Stimmen der Angst hinsichtlich der Reaktionen des sozialen Umfeldes« gegenüber den akzeptierenden Stimmen wie dem Voice-Cluster »Identitätstoleranz« überwiegen." (Kolanowski 2009, S. 147)

[8] Bei der Anwendung dieser Methode, wird qualitatives Datenmaterial in vier Leseschritten ausgewertet. Bei jedem Lesevorgang, hört man eine andere Stimme und wertet den Text auf einer anderen Ebene aus. 1. Inhaltsanalyse, 2. Selbstkundgabe der Sprecher*in, 3. & 4. Überprüfung auf »sich widersprechende Aussageelemente«. Diese Methode ist auf Carol Gilligan zurückzuführen (vgl. Kolanowski 2009, S. 134–135).

Eine Vielzahl von Forscher*innen und Autor*innen haben bereits versucht, die unterschiedlichen Prozesse und Phasen des Coming-Out zu untersuchen und in Modellen abzubilden. Am häufigsten verwendet wird das Modell von Cass aus dem Jahr 1979, in dem das Coming-Out in sechs Phasen dargestellt wird (vgl. Kolanowski a.a.O., S. 113).

Beginnend mit einer Identitätsverwirrung, wird in Phase eins (Konfusion) festgestellt, dass man anders ist und von dem gesellschaftlichen Normalbild abweicht. Die aus den als anders empfundenen Verhaltensweisen oder Bedürfnissen resultierende Infragestellung der eigenen Identität kann in drei verschiedenen Richtungen Beantwortung finden. Verspürt der Jugendliche keine weiteren Probleme, beginnt er mit einer raschen Auseinandersetzung mit dieser Thematik in dem er Informationen sammelt, um seine Identitätsbildung zu gestalten. Bei einem nicht so problemlosen Verlauf, versucht der Jugendliche normal zu sein und über Kontakte zum jeweils anderen Geschlecht seine Irritationen zu beruhigen. Die dritte und problembehaftete Variante zeigt ein Vermeidungsverhalten, bei dem dann keine Aktivitäten sowohl bei dem gleichen als auch bei dem anderen Geschlecht erfolgen, dies kann bis zur absoluten Verneinung und Leugnung der eigenen homosexuellen Bedürfnisse führen. Das hätte dann sogar einen Abbruch des Coming-Out zur Folge. Es ist nicht selten, dass Jugendlich versuchen, möglichst lange an ihrer vermeintlichen Heterosexualität festzuhalten (vgl. Kolanowski, ebd.).

Phase zwei (Vergleich) besteht in der Überprüfung des bisher erlernten heteronormativen Selbstbildes, mit den nun neu erlangten Vorstellungen. Eine Entfremdung mit den bisherigen Freunden und auch mit der Familie begleitet oft diese Phase. Eine neue Orientierung stellen Menschen dar, mit denen die Jugendlichen sich austauschen können und von denen sie Ratschläge bekommen, auch wenn diese nicht schwul oder lesbisch sind. Das größte Problem in dieser Phase ist die Auseinandersetzung mit der Stigmatisierung als homosexuell und damit als »gesellschaftlich nicht akzeptiert« zu gelten. Ein Rettungsanker stellt für viele eine längerfristige, nichtgleichgeschlechtliche Beziehung oder die Einstellung es handle sich nur um eine Phase dar (vgl. Kolanowski, a.a.O. S. 114).

Erst in der dritten Phase (Toleranz) beginnen die Jugendlichen damit, vorherrschende Spannungen abzubauen und ihre Homosexualität als möglichen Lebensstil zu betrachten. Im Ausbau gleichgeschlechtlicher Kontakte gewinnt bei vielen die Selbstakzeptanz, andere verfallen aber auch in verschiedene Formen von Doppelleben, welche dann zum einen die Befriedigung der sexuellen Bedürfnisse, zum anderen aber weiterhin die soziale Akzeptanz sichern (vgl. Kolanowski, a.a.O., S.114-115).

Nach den ersten rückhaltgebenden Erfahrungen und Kontakten im homosexuellen Milieu, beginnen die Jugendlichen ihr Leben in der vierten Phase (Akzeptanz) neu zu definieren. Sie gewinnen an Selbstbewusstsein und können sich gegenüber Außenstehenden mitteilen und outen. Jedoch selektieren sie noch diejenigen, denen sie sich anvertrauen. Mit dieser Phase beginnend, sind sie bereit gleichgeschlechtliche Beziehungen einzugehen (vgl. Kolanowski, ebd.).

Der Identifikationsprozess mit der eigenen Homosexualität führt in der fünften Phase (Stolz) dazu, dass die negativen Einstellungen des heteronormativ geprägten Umfeldes gegenüber gleichgeschlechtlich Liebenden, zu verletztem Stolz und damit zu Zorn gegenüber diesem Umfeld führen. Es entwickelt sich eine eigene Ideologie, die die Dichotomie der vorherrschenden Geschlechterrollen des bisher gewohnten Umfeldes kritisch in Frage stellt und die neugewonnene homosexuelle Identität aufwertet. Jene homosexuellen Paare, die bereits ungestört in der Gesellschaft zusammen leben können, werden nicht als Antrieb für diese von Auflehnung und Selbstbehauptung geprägte Phase angesehen. Gewissermaßen ist diese Phase als Kompensation der bisherigen Lebenserfahrungen, in denen der homosexuelle Gedanke noch nicht mitgedacht wurde oder mitgedacht werden konnte zu betrachten. Es ist festzustellen, dass die Extrovertiertheit einer gleichgeschlechtlich orientierten Lebensweise, durch die Länge der Phase des inneren Coming-Out (diese Phase wird im weiteren Verlauf näher erläutert) beeinflusst wird. Je länger der Identifikationsprozess bis man sich outen konnte angedauert hat, desto deutlich ausgeprägter ist die dann gelebte Offenheit (vgl. Kolanowski, ebd.).

Darauf folgt in der sechsten Phase (Synthese) wieder eine Relativierung, in der die Homosexualität nicht mehr als vorrangiges Thema im Zentrum der Wahrnehmungen und Handlungen steht, sie wird nunmehr als nur ein Teil der Persönlichkeit betrachtet, die neben vielen anderen Facetten die Person und das eigene Leben bestimmt (vgl. Kolanowski, ebd.).

Diese kurze Zusammenfassung formulierte die sechs Phasen im Kontext der Homosexualität, sie sind aber genauso auf das Thema der Bisexualität anwendbar. Darüber hinaus ist das Coming-Out als ein sehr komplexes System zu verstehen, welches bei jedem Einzelnen verschiedene Prozesse von empfundener Kongruenz beziehungsweise Inkongruenz verursacht und somit Gefühle von Dissonanz oder Konsonanz zum bestehenden Umfeld hervorruft. Diese Phasen lassen sich nicht in zeitlich genormte und für alle gleichermaßen durchlebte Abschnitte definieren (vgl. Kolanowski, ebd.).

In etwas vereinfachter Darstellung kann das Coming-Out in zwei Phasen, dem inneren und dem äußeren Coming-Out dargestellt werden (vgl. Kolanowski, a.a.O., S. 116). Beim inneren Coming-Out sind all die Schritte enthalten, die von der Vermutung anders zu sein, bis zu der Erkenntnis homosexuell zu sein, führen. Ist diese eigene Erkenntnis über die sexuellen Bedürfnisse erlangt, beginnt die Phase des äußeren Coming-Out. In dieser Phase steht der Prozess im Vordergrund, diese Erkenntnis dem Umfeld, also Freunden, Familie und Außenstehenden mitzuteilen,

sich nicht mehr zu verstecken und die eigene Identität zu entwickeln. Wie lange diese beiden Phasen jeweils andauern ist unterschiedlich und kann wie die beschriebenen sechs Phasen ebenfalls nicht zeitlich genau bestimmt werden. Das gesellschaftlich vorherrschende Denken, aber auch kulturelle Bedingungen haben einen großen Einfluss auf den zeitlichen Ablauf und die individuelle Bewältigung, vor allem des inneren Coming-Out, bis hin zu der Bereitschaft sich dem Umfeld zu öffnen. „Auch ethnische Faktoren, der Wohnort und der Bildungsstand der Eltern beeinflussen diese Phase." (Kolanowski, a.a.O., S. 117)
Wachsen Jugendliche in einer intoleranten Familie, in der Homosexualität tabuisiert und nicht akzeptiert wird, auf, so kann sowohl der Beginn der sexuellen Identitätsbildung als auch der Zeitpunkt des »zu seinen Gefühlen stehen können« negativ beeinflusst und die persönlichen Entwicklung diesbezüglich verzögert werden. Die Phase des inneren Coming-Out ist unter solch ungünstigen Umständen deutlich länger als in einem toleranten Umfeld in dem Homosexualität als sexuelle Orientierung akzeptiert ist und Jugendliche selbstbewusst zu ihren Gefühlen stehen können (vgl. Kolanowski, ebd.).
In einer Untersuchung des niedersächsischen Ministeriums für Frauen, Arbeit und Soziales, wurden in dem Zeitraum von Juni 1998 bis Juni 1999, 353 verwertbare Fragebögen zur Lebenssituation und der sozialen sowie der sexuellen Identität von schwulen Jugendlichen ausgewertet. Die befragten Jugendlichen waren im Alter von 15 bis 25 Jahren, das Durchschnittsalter lag bei 21,3 Jahren (vgl. Biechele 2001, S.5). Auch wenn seit dieser Untersuchung schon fast 15 Jahre vergangen sind, lassen sich einige der Ergebnisse immer noch auf die heutige Lebenswelt schwuler Jugendlicher (und auch auf die von lesbischen und bisexuellen Jugendlichen) übertragen. Mehr als drei Viertel der Befragten kannten zum Zeitpunkt des inneren Coming-Out keine anderen Schwulen, hatten somit keine Vorbilder an denen sie sich orientieren konnten. Das bedeutete, dass die Mehrzahl der Jugendlichen, ohne persönlichen Kontakt zu anderen Homosexuellen ihr inneres Coming-Out bewältigen musste (vgl. Biechele, a.a.O., S.7). Auch wenn sich keine aktuellen Zahlen zur Bestätigung dieser Aussage in der heutigen Zeit finden lassen, so ist die Aktualität dieser Aussage immer noch anzunehmen. Ein Großteil der Jugendlichen wird immer noch ohne homosexuelle Kontakte, sich über die gleichgeschlechtlichen Neigungen und den daraus resultierenden Konsequenzen klar werden müssen, dabei werden vermutlich große Unterschiede zwischen Jugendlichen in (Groß-)Städten und ländlichen Regionen bestehen.

> "Daniel (23): [...] in meiner Umgebung gibt es keine Schwulen, die geoutet sind, [...]" (Biechele a.a.O., S.3) so ein Kommentar in der niedersächsischen Befragung.

Auch heute glauben viele Jugendliche, sie seien mit ihrem »Anderssein« alleine. Aktuellere Befragungsergebnisse listen die Ängste von Jugendlichen auf, die dazu führen, sich nicht zu outen. So sind die Angst vor fehlender Akzeptanz und Anerkennung, Angst vor Diskriminierung und Verlust von Freunden sowie die soziale Isolation die wichtigsten Gründe (vgl. Watzlawik 2009b, S. 89).

> "Dominic (20): Viele Schwule haben sicherlich, wie ich, eine Höllenangst vor dem Outing und sind deshalb verdammt einsam. Das beeinträchtigt einen in seinem ganzen Leben und lässt einen auch den ganzen Alltag nur mühsam bewältigen, weil diese Isolation einen Großteil der seelischen Energie verbraucht." (Biechele 2001, S.3)

In der Angst vor Ausgrenzung und Ablehnung begründet, suchen die Jugendlichen selbst die Isolation. Sie wollen nicht erkannt werden und befürchten, dass ihr »Anderssein« auffällt, dementsprechend gehen sie oftmals den Peergroups aus dem Weg, ziehen sich zurück und kämpfen mit der Einsamkeit und dem Prozess der Selbstakzeptanz.

> "Honey77 (21): Kennenlernen von Partnern ist enorm schwer – Versteckspiele gehören zur Alltäglichkeit – Schwulsein wird von den meisten noch nicht vollkommen akzeptiert." (Biechele a.a.O., S.2)

Die psychosoziale Gesundheit leidet bei vielen Jugendlichen darunter enorm. Der gesamte Prozess des Coming-Out, sowohl des inneren als auch des äußeren setzt die Jugendlichen unter Druck und wird als folgenschwerer Stressauslöser empfunden. "In dieser Lebensphase leiden nach allen bisherigen Studien die meisten schwulen und in leicht geringerem Maße auch die lesbischen und bisexuellen Jugendlichen an subjektiv gefühlter Einsamkeit und erheblichen Identitätsproblemen." (Sielert o. J., S.31)
Es gilt für die Jugendlichen, diese Probleme zu bewältigen. Doch sind sie auf sich alleine gestellt, können sich keinem anvertrauen und wissen nicht, wie sie diese Probleme lösen sollen oder können. Bei einer Befragung der Berliner Senatsverwaltung für Schule Jugend und Sport im Jahr 1999, gingen die Problemlösestrategien der Befragten von Kompensationsversuchen mit Alkohol und Drogen, über von Zuhause weglaufen, zu selbstverletzendem Verhalten sowie Essstörungen bis hin zu Suizidgedanken und Suizidversuchen. So gaben 18% der Befragten an, einen oder mehrere Selbstmordversuche hinter sich zu haben. Als Gründe für die Probleme wurde Einsamkeit, Probleme mit den Eltern und nicht über die eigenen Gefühle reden zu können genannt (vgl. Senatsverwaltung für Schule 1999, S. 66–69).

> "Matze (16): Außerdem habe ich keinen Freund, der mir Rückhalt gibt, wenn ich - wie zur Zeit - im Stress bin, einen Menschen, wo ich mich anlehnen kann, mich ankuscheln kann. So einen Menschen zu finden, ist für heterosexuelle Jugendliche weitaus leichter. Außerdem fehlt bei vielen schwulen Jugendlichen die Akzeptanz zu Hause." (Biechele 2001, S.2)

Die subjektive Mehrbelastung durch das Coming-Out bei Jugendlichen mit homosexuellen Neigungen, gehen also von der Angst sich zu outen, begleitet von Ängsten vor Ablehnung und Diskriminierung, bis hin zu Gefühlen der Einsamkeit und des Alleinseins. Somit unterscheiden sich die Phase der Pubertät und die darin erlebten Schwierigkeiten bei homosexuellen und heterosexuellen Jugendlichen durchaus. Grundlegende Probleme, als erwachsener Mensch anerkannt zu sein und nicht mehr wie ein Kind angesehen und behandelt werden zu wollen, sind bei beiden Gruppen gleich. Hinzu kommt bei den homosexuellen Jugendlichen dann die Mehrbelastung durch Stressfaktoren des Coming-Out.

> "Jo (22): Ich kann nur mit einem Menschen über meine Gefühle reden, weil er es weiß, und zu ihm absolutes Vertrauen besteht. Über geile Weiber kann man mit jedem reden." (Biechele a.a.O., S.2)

"Mehr als zwei Drittel aller Teilnehmer (67,3 %) geben an, dass sie wegen ihres Schwulseins mit größeren Belastungen fertig werden mussten bzw. müssen als gleichaltrige andere männliche Jugendliche. Als häufigster Grund wird hier der erhöhte Kraftaufwand im Zusammenhang mit dem Coming-Out genannt." (Biechele a.a.O., S.16)
Als Belastungsfaktoren werden von den Jugendlichen in der niedersächsischen Befragung Einsamkeit und »wie lerne ich andere Schwule kennen«, noch vor der Outing Problematik bei Familie, Freunden und Arbeit bzw. Schule genannt (vgl. Biechele a.a.O., S.19–21). Je größer die emotionale Bindung zwischen dem/der Jugendlichen und der Person ist, der man sich gegenüber outen will, desto schwieriger und problematischer stellt sich dieses Coming-Out dar. Dementsprechend fällt es homosexuellen Jugendlichen sehr leicht, gegenüber fremden Personen zu ihren gleichgeschlechtlichen Neigungen zu stehen. Die Angst vor Ablehnung durch nahestehende oder geliebte Personen, wie Eltern, Geschwister oder gute Freunde, ist so ausgeprägt, dass ein Outing eine besonders große Überwindung mit sich bringt. Leider sind diese Befürchtungen oftmals auch begründet. "Nach dem Outing liegt bei den Müttern die spontane Akzeptanz bei 43,2 % und bei den Vätern bei 34,2 %. Ein knappes Fünftel der Mütter und ein gutes Viertel der Väter akzeptieren die Homosexualität des Sohnes bis heute nicht." (Biechele a.a.O., S.8)

Nicht nur in der Bewältigung dieser Probleme begründet, sondern vor allem darin bedingt, dass homosexuelle Jugendliche nicht selbstverständlich ihre sexuelle Identität entwickeln können, erste Erfahrungen in Bezug auf das erste Verliebtsein, die erste Beziehung und die ersten sexuellen Erfahrungen erst später machen, kann man deren emotionale Entwicklung im Vergleich zu heterosexuellen Jugendlichen als verzögert ansehen. "Schwule Jugendliche machen also die Erfahrung von Liebe gut anderthalb Jahre und die Erfahrung der ersten Beziehung rund zweieinhalb Jahre später als ihre heterosexuellen Altersgenossen." (Biechele a.a.O., S.13)

Vergleicht man die Entwicklung bei den homosexuellen Jugendlichen untereinander, so dokumentieren verschiedene Quellen, dass sich das Alter in denen sich Jungen und Mädchen ihrer gleichgeschlechtlichen Orientierung bewusst werden, voneinander unterscheidet. Sowohl der Beginn des inneren Coming-Out, als auch die ersten sexuellen Kontakte, aber auch die eindeutige Festlegung zur Homosexualität finden bei den Jungen früher statt als bei den Mädchen. Ein weiterer Unterschied zwischen Jungen und Mädchen liegt in der Bedeutung von Emotionen und sexuellen Erfahrungen. Jungen erleben viel früher sexuelle Kontakte und definieren darüber ihre sexuelle Orientierung, während Mädchen dieses über ihr erstes Verliebtsein, welches auch sexuellen Kontakten vorgeschaltet ist, tun (vgl. Kolanowski 2009, S. 117–118). Während Mädchen bei aufkommenden gleichgeschlechtlichen Träumen und Phantasien Verwirrung verspüren und deutlich mehr Schwierigkeiten haben ihre Gefühle einzuordnen als die Jungen, verhalten sie sich bis zu einer inneren Klärung sowohl im hetero- als auch im homosexuellen Bereich eher zurückhaltend. Jungen dagegen halten häufig noch eine heterosexuelle Beziehung aufrecht, auch wenn sie bereits eindeutig homosexuelles Verlangen verspüren. Empfundene Unsicherheit bezüglich der sexuellen Orientierung ist bei Jugendlichen oftmals darin begründet, dass sie sich weder als eindeutig homosexuell noch als eindeutig heterosexuell einordnen können oder wollen, aber das Gefühl haben, sich entscheiden zu sollen.„Der implizite Druck, sich festlegen zu müssen, lässt Zwischenstufen und interindividuelle Unterschiede nicht zu." (Kolanowski a.a.O., S. 150)

Diese als belastend und unangenehm erlebte Situation führt vermutlich zur Auseinandersetzung mit der Thematik und Informationsbeschaffung darüber. Dadurch gelingt es den Jugendlichen leichter, ihre missliche Lage zu klären und zu beenden. „[...] Mediennutzung [kann auch] zur Bedürfnisbefriedigung im Sinne eines physischen und psychischen Wohlbefindens erfolgen." (Treumann 2007, S. 36)

Oftmals wird ein Coming-Outals eine Festlegung für das ganze Leben angesehen; wogegen es verschiedene Beispiele einer gewissen Flexibilität der sexuellen Orientierungen im Leben gibt. So erleben einige Erwachsene, nach jahrelanger heterosexueller Lebensführung ihr Coming-Out, auch ist es möglich, nach vermeintlich

eindeutig empfundener Homosexualität, wieder Gefühle für das andere Geschlecht zu entdecken (vgl. Kolanowski 2009, S. 150).
Zusammenfassend lässt sich festhalten: Je weniger Personen im Umfeld der Jugendlichen vorhanden sind, mit denen sie über ihre Gefühle und Begehren reden können, desto größer ist die Wahrscheinlichkeit der Internetnutzung, sowohl zur Informationsbeschaffung als auch zur Kontaktaufnahme zu Gleichgesinnten. Jugendliche die sich in die Isolation zurückziehen, beginnen zwangsläufig und automatisch die so erlangte freie Zeit zu gestalten. Der Einsatz von Medien ist hier in jeglicher Form vorstellbar, folglich kann von einer anderen Art und Weise der Mediennutzung ausgegangen werden, als bei Jugendlichen, die sich nicht isolieren und die in Peergroups aufgefangen sind. Der Recherche über das entdeckte „Anderssein" und der Nutzung von Chaträumen und themenbezogenen Foren sowie Online-Communities kommt eine zentrale Bedeutung zu.
Daraus lassen sich folgende Thesen formulieren, die für die vorliegende Studie maßgeblich sind:

1. Jugendliche mit homosexueller oder bisexueller Orientierung nutzen Medien anders und in spezifischerer Weise als heterosexuelle Jugendliche. Sowohl der Medienbesitz als auch deren Nutzung wird Unterscheidungsmerkmale aufweisen.

2. Der Zugang zum Internet und dessen Nutzung hat bei LSB-Jugendlichen eine sehr hohe Bedeutung, Recherche und Kontaktaufnahme sind hier handlungsleitende Motive.

3. Online-Communities, (vor allem diejenigen die eine Kontaktaufnahme zu Gleichgesinnten ermöglichen) stellen einen wesentlichen Aspekt der Mediennutzung dar. LSB-Jugendliche verbringen mehr Zeit im Internet als heterosexuelle Jugendliche, darüber hinaus verbringen sie auch weniger Zeit mit Freunden und Familie.

3 Mediennutzungsverhalten von Jugendlichen

Die Menschen in der heutigen Gesellschaft sind geprägt von der technischen Entwicklung und der Integration digitaler Medien in fast allen Lebensbereichen. Neben Radio und Fernsehgerät sind Laptop, Smartphone und Tablett-PC Begleiter des alltäglichen Lebens. Kaum ein Arbeitsbereich, in dem nicht digitale Medien Anwendung finden und ihnen demnach eine bedeutende Rolle zukommt. Eine wechselseitige Durchdringung von Medien und Alltag (vgl. Mikos und Mikos 2009, S. 8) sowie die Wechselwirkung, zwischen der Beeinflussung des Menschen durch die Medien und der Tatsache, dass die Menschen aber auch diejenigen sind, die die Medien machen und gestalten, tragen zu dem vorherrschenden Gesellschaftsbild bei (vgl. Klenk 2010 S. 85-96). "Der Einfluss der Medien in unserer Gesellschaft wie auch die Wirkung auf jeden einzelnen Menschen waren und sind immer wieder Gegenstand von Auseinandersetzungen." (Klenk a.a.O, S. 95)

Jugendliche und junge Erwachsenen, die in diese Medienwelt hineinwachsen müssen frühzeitig lernen, diese Medien zu bedienen und zu beherrschen, um den Anforderungen der Arbeitswelt gewachsen zu sein. Darüber hinaus lernen sie aber auch im Freizeitbereich diese Medien zu nutzen und ihr Leben damit zu gestalten. Privat wie für Schule, Ausbildung oder Studium, nutzen Jugendliche mehrmals pro Woche digitale Medien (vgl. Medienpädagogischer Forschungsverbund Südwest 2012, S. 3, 37). Welche Medien es sind und was die Jugendlichen dann damit tun sind zentrale Fragen, die neben den Fragen der Nutzungsdauer und extremen Auffälligkeiten (wie u.a. gar kein Mediengebrauch oder krankhafter, von Suchtmerkmalen geprägter Gebrauch) in verschiedenen Bereichen erforscht werden. Im begrenzten Umfang dieser Arbeit begründet, werden hier nur einige der Forschungsbereiche genannt: So sind Fragestellungen in der Shell-Jugendstudie dem Zugang zum Internet und der wöchentlichen Internetnutzung gewidmet (Fragen F10_02; F10_03)(vgl. Albert 2010).

In einer in Kooperation der DAK[9] und der Universität Lüneburg durchgeführten Studie wurde der Medienkonsum von Schüler*innen[10] im Kontext Schulleistungen und Freizeitverhalten untersucht (vgl. Leuphana Universität Lüneburg 2012).

Seit 1998 werden durch den medienpädagogischen Forschungsverbund Südwest im jährlichen Turnus etwa 1.000 Jugendliche telefonisch zu u.a. folgenden Themengebieten befragt: Freizeitaktivitäten, Themeninteressen und Informationsquellen, Mediennutzung, Medienbesitz, Computer- und Internetnutzung, Computer und Schule,

---

[9] Deutsche Angestellten Krankenkasse

[10] Das ‚*‘ wurde als Gender Gap gewählt, um die geschlechtliche Vielfalt darzustellen und niemanden auszuschließen. Somit sind durch die gewählte Darstellung sowohl die männliche, die weibliche aber auch jede andere, außerhalb der Mann – Frau – Dichotomie liegende Genderform, berücksichtigt.

Handy und SMS sowie Medienbindung. Diese Erhebungen sollen zum einen zeigen, wo sich die Jugendlichen in dem Kontext »Medien« sehen, aber auch die Grundlage bilden, auf der dann neue Strategien zur Integration digitaler Medien im Kontext von Bildung, Kultur und Arbeit entwickelt werden können (vgl. Medienpädagogischer Forschungsverbund Südwest 2013).

Die JIM-Studie 2011 formuliert, dass die Nutzung des Internets mit seinen Chancen und Risiken ein Teil der gesellschaftlichen Diskussion ist (vgl. Medienpädagogischer Forschungsverbund Südwest 2011, S. 3). Darüber hinaus stellen die digitalen Medien einen festen Bestandteil mediendidaktischer und medienerzieherischer Arbeit im Kontext von Schule dar (vgl. Herzig 2010, S. 115). Es ist aber fraglich, ob eine gewisse »angeborenen Medienkompetenz« oder vielleicht doch eher Unbedachtheit, die Jugendlichen so selbstverständlich mit den für die Erwachsenenwelt oft so schwierig handhabbaren, neuen Medien umgehen lässt.

Die schnell voranschreitende Entwicklung neuer Medien und digitaler Welten, bietet viele Chancen und Zugänge, die aber auch kritisch zu betrachten sind. Wie bereits dargelegt, ziehen sich Jugendliche mit homosexuellen Neigungen oft aus Angst vor Diskriminierung in die Isolation zurück und nutzen die Anonymität von virtuellen Welten. Darin erhoffen sie sich Kontaktchancen zu anderen Jugendlichen; der Weg zu realen Kontakten wird mit der Zeit immer schwerer. „Das Internet ist die hauptsächliche und begehrteste Informationsquelle" (vgl. Watzlawik 2003, S. 122–123), denn sie bietet ein großes Angebot auf das anonym und unerkannt zugegriffen werden kann. Die Hürde, sich Bücher oder Zeitschriften mit einschlägigen Inhalten ausleihen oder kaufen zu müssen, ist somit leicht zu umgehen. „Gedruckte Medien und das Fernsehen haben für homo- und bisexuell orientierte Jugendliche kaum unterstützende Funktion." (Watzlawik a.a.O., S. 122)

Dazu kommt die Möglichkeit, im Cyberspace verschiedene Identitäten anzunehmen, die es Jugendlichen erlaubt, in verschiedene Rollen zu schlüpfen und „[…]entsprechend seiner Handlungsmotive wahlweise Identitäten an[zu]nehmen und wieder ablegen zu können, wie beispielsweise anhand der Verwendung von Pseudonymen und Nicknames augenfällig wird.“ (Hoffarth 2009, S. 1)

Fraglich ist jedoch, wie Jugendliche ihr Coming-Out meistern, wenn ihnen der Zugang zum Internet nicht gewährt ist. "Dies führt zu einer weiteren relevanten Schlussfolgerung: Jugendlichen, die innerhalb der Familie mit mehr Diskriminierung zu rechnen haben, bleibt oft eine momentan wichtige, wenn nicht **die** wichtigste Informations- und Kontaktquelle, das Internet, verschlossen." (Watzlawik 2003, S. 122)

Um Unterschiede in dem Mediennutzungsverhalten zwischen den LSB- und Hetero-Jugendlichen darstellen zu können, wird im Folgenden dargestellt, wie die Mediennutzung Jugendlicher generell aussieht. Dieses Kapitel soll beschreiben, durch welche Vorlieben und Nutzungsweisen der Jugendlichen im Allgemeinen, das Handeln mit Medien gekennzeichnet ist. Der verwendete Begriff Medienhandeln umschließt dabei sowohl die Mediennutzung als auch die Medienkompetenzen, (vgl. Treumann 2007, S. 23) denn es ist erforderlich, dass Jugendliche in dieser komplexen Medienwelt das nahezu unbegrenzte Angebot auf eine für sie relevante Auswahl reduzieren und darüber hinaus die erforderlichen Kenntnisse zu Umgang und Anwendung erwerben, um an der gesellschaftlichen Entwicklung teilhaben zu können.

3.1 Allgemeine Darstellung der Mediennutzung von Jugendlichen

Neben den herkömmlichen Medien wie Fernsehgeräten, Tageszeitungen und Büchern ist der Alltag von Jugendlichen in der heutigen Zeit von einer fast unüberschaubaren Vielfalt an neuen Medien und Medienangeboten geprägt. Diese dienen nicht nur der Unterhaltung, sondern sind oftmals auch Grundlage für schulische und später auch berufliche Perspektiven und Chancen.
Die Nutzung verschiedener Medien lässt sich in vier Kategorien unterscheiden. Diese gehen von einer rezeptiven, zu einer interaktiven, weiter zu einer kreativen bis hin zu einer innovativen Nutzung. Fernsehen, ins Kino gehen oder Musik hören sind Beispiele für eine rezeptive Nutzung; Telefonieren, Chatten, Emails schreiben sind interaktive Nutzungsformen; Musik machen, Malen oder am Computer zeichnen / komponieren sind Beispiele einer kreativen Nutzung. Im innovativen Bereich liegen dann Tätigkeiten wie Programmieren und das Erfinden neuer Medien, was aber selten in der Zielgruppe Jugend geschieht (vgl. Treumann a.a.O., S.50ff).
Um das Medienhandeln der Heranwachsenden zu beschreiben, ihre Mediennutzung darzustellen und verschiedene Grade von Medienkompetenz abzubilden, wurden anhand einer Clusteranalyse sieben Typologien gebildet (Bildungsorientierte, Positionslose, Kommunikationsorientierte, Konsumorientierte, Allrounder, Deprivierte und Gestalter). Anhand dieser Cluster können Gemeinsamkeiten aber auch Unterschiede verdeutlicht werden, die eine facettenreiche und auf verschiedene Inhaltsschwerpunkte fokussierte Mediennutzung aufzeigen. Jedoch lassen sich aus diesen keine Generalisierungen ableiten, da einzelne Nutzergruppen differenziert betrachtet werden müssen (vgl. Treumann a.a.O., S. 195-215). „[...]sowohl das formale Bildungsniveau als auch die Alters- und Geschlechtszugehörigkeit [treten] als statistisch bedeutsame Prädiktoren der Clusterzugehörigkeit [...] in Erscheinung." (Treumann a.a.O., S. 225) Ergänzt werden diese durch das Interesse an Technik und Politik, aber auch die jugendkulturelle Szenezugehörigkeit zu verschiedenen Vereinen oder Gruppen (wie zum Beispiel Fußballfans, Auto- und Motorradfreaks, Menschenrechtler, Punks,

u.v.m.) ist wichtiger Einflussfaktor. Auf eine zusammenfassende Darstellung der von Treumann etal. durchgeführten Clusteranalyse und den daraus resultierenden Typologien kann im Rahmen dieser Arbeit verzichtet werden. Dieser kurze Exkurs sollte lediglich den Status quo der themenbezogenen Forschung, aber auch die verschiedenen Differenzierungen abbilden und zudem verdeutlichen, dass die Mediennutzung von LSB-Jugendlichen bisher noch nicht untersucht wurde. Dieses ist aber neben bestehenden Untersuchungen zu geschlechterspezifischer Nutzung oder Unterscheidungen nach spezifischen Jugendszenen dennoch als wichtig zu betrachten.

Aus der vorherrschenden Literatur lassen sich die Präferenzen der Jugendlichen im Kontext der Medien wie folgt beschreiben: Das Fernsehen stellte bis vor einigen Jahren bei den Jugendlichen das beliebteste Medium dar. Außerdem konsumieren sie über unterschiedliche Quellen Musik (Radio, MP3, Fernsehen); dagegen rangieren Bücher und Zeitungen in der Beliebtheit weit unten. Computer und Internet, in jüngerer Vergangenheit aber auch Handys und die Nutzung des Internets über diese, steigen in der Beliebtheitsskala und werden zu einem selbstverständlichen Kommunikationsmedium (vgl. Treumann a.a.O., S. 29).Die JIM-Studie 2012 zeigt dagegen bereits auf, dass Handy und Internet in der Medienbeschäftigung der Jugendlichen das Fernsehen auf Platz drei verdrängt haben (vgl. Medienpädagogischer Forschungsverbund Südwest 2012, S. 25).

Zusammenfassend ergaben verschiedene Untersuchungen zum Thema Fernsehnutzung[11], dass die meisten Jugendlichen zwischen zwei bis vier Stunden pro Tag fernsehen, dieses meistens alleine tun und dabei Langeweile die Hauptmotivation darstellt. Die privaten Sender wie Pro7, Musiksender und RTL sind die beliebtesten Programme, Spielfilme und Fernsehserien werden bevorzugt geschaut. Während bei Mädchen Komödien und Soaps an erster Stelle stehen, sind es bei den Jungen Action- und Katastrophenfilme sowie Zeichentrickserien (vgl. Treumann 2007, S.77-93 sowie Medienpädagogischer Forschungsverbund Südwest 2012, S. 25-29).

Bezüglich der Computernutzung lassen sich die Ergebnisse wie folgt darstellen: Computerspiele, Texte für die Schule schreiben und das Internet nutzen sind sehr beliebt und standen 2007 noch auf den ersten drei Plätzen. In der letzten JIM-Untersuchung lässt sich aber der Trend erkennen, dass der Computer eindeutig von der Internetnutzung dominiert wird. So sind von den Jugendlichen 91 Prozent mehrmals pro Woche und 68 Prozent täglich im Internet unterwegs (vgl. Medienpädagogischer Forschungsverbund Südwest 2012, S. 31). An erster Stelle steht dann der Bereich Kommunikation, gefolgt von Unterhaltung, Spiele und Informationssuche. Grundlegend lässt sich erkennen, dass sich eine konsumorientierte und eine informationsorientierte Mediennutzung gegenüberstehen.

[11] Stand 2007

Die Aneignung des benötigten Wissens im Umgang mit neuen Medien, insbesondere bei Computern, Laptops und Handys erfolgt im Grundprinzip »learningbydoing«. Freunde werden am häufigsten um Rat gefragt wenn es Probleme gibt, die Jugendliche selbst nicht mehr lösen können, die Familie steht an zweiter Stelle der Ratgeber. Die Schule stellt nicht den Ort dar, an dem die Heranwachsenden ihr Computer- und Medienwissen erwerben. Meistens sind sie schon fit in dieser Thematik, bevor diese im Unterricht behandelt wird. Es lässt sich feststellen, dass formal niedriger gebildete Jugendliche eher die konsum- und unterhaltungsorientierte Mediennutzung betreiben, während die formal höher gebildeten mehr Wert auf die Informationsbeschaffung legen (vgl. Treumann 2007, S. 671-674). Mittlerweile ist das Handy ein fester Bestandteil der Mediennutzung Jugendlicher, hinzu kommt der Vormarsch der Smartphones; 2011 besaßen 25 Prozent, 2012 bereits 47 Prozent ein solches Telefon (vgl. Medienpädagogischer Forschungsverbund Südwest 2012, S. 52).

Befürchtete man aus pädagogischer Sicht noch vor einigen Jahren die Verdrängung der traditionellen Medien (Bücher und Zeitungen) durch das Internet, so zeigen die in den letzten zehn Jahren erhobenen Daten, eine gleichbleibend stabile Zahl der Jugendlichen, die regelmäßig noch Bücher lesen (2012 = 42 Prozent). Mädchen greifen häufiger zum Buch als Jungen, bei beiden stehen Fantasy-Bücher jedoch an erster Stelle (vgl. Medienpädagogischer Forschungsverbund a.a.O., S. 18-20).

Zusammenfassend kann gesagt werden, dass es nicht zu einer Verdrängung kommt, sondern die alten durch die neuen Medien ergänzt werden und die Jugendlichen durchaus in der Lage sind, aus beiden Bereichen ihr persönliches Medienrepertoire zu gestalten, als Handlungsgrundlage dazu dienen die persönlichen Interesse und Hobbys.

Die Veränderung zu einer „Jugend der Medien" (Treumann 2007, S. 27) ist mitunter darin begründet, dass die Medienindustrie spezielle Angebote für diese Zielgruppe entwickelt und komplexe Werbesysteme passend zur gestiegenen Kaufkraft um sie herum entwickelt.

3.2 Rolle der Medien im Selbstfindungsprozess von Jugendlichen

Seit vielen Jahren wird der Umgang mit Medien in der Zielgruppe der Jugendlichen untersucht[12], aus den Ergebnissen lassen sich die rasante Entwicklung einzelner Medien (wie zum Beispiel Handys, MP3-Player, Tablett-PCs), aber auch die Beliebtheit bei bestimmten von diesen erkennen. Die Auswertungen beschreiben nicht nur welche Internetdienste genutzt werden oder beliebt sind, welche Bedürfnisse junge Menschen im Umgang mit verschiedenen Medien haben oder wie die Medienwelt aus der Sicht der Jugendlichen aussieht, sondern sie zeigen auch auf, in welchen Bereichen Handlungsbedarf entsteht, die zum Beispiel in Richtung Daten- und Jugendschutz diskutiert werden müssen. „Auch die Aneignung neuer Kommunikationsdienste war bereits Gegenstand zahlreicher Studien [...]. Die Frage in welcher Weise Jugendliche durch die Aneignung neuer Kommunikationsdienste ihre soziale Identität gestalten, stand dagegen noch nicht im Fokus des Interesses [...].“ (Pape 2009, S. 21)
Es ist festzustellen, dass ein besonderes Augenmerk auf die Frage: »Wie beeinflussen die Medien die Identitätsbildung von jungen Menschen?« zu richten ist. Da die Einflussnahme von Massenmedien auf die Identitätsbildung Heranwachsender schon vielfach untersucht wurde, (vgl. Pape ebd.) gilt es hier über diese hinaus, auch den Einfluss von neuen Medien sowie dem Internet mit zu berücksichtigen.
Waren einst Familie und Schule wesentliche Informations- und Sozialisationsinstanzen, so suchen und vor allem finden Jugendliche im Bereich von Internet und neuen Medien andere Bezugs- und Orientierungspunkte als diejenigen, die früher durch direkte Bezugspersonen gewährt wurden. Damit steht die Entwicklung von Handlungs- und Deutungsmustern in engem Zusammenhang mit den neuen Medien und dem Internet, welche „[...] auf die Wirklichkeitsgestaltung, auf die Identitätsbildung, auf das schulische Lernen und nicht zuletzt auf die Zukunftschancen der Heranwachsenden [...]" (Treumann 2007, S. 21) starken Einfluss ausüben. Es wird betont, dass Medien zwar einen starken Einfluss auf die Entwicklung und die Identitätsbildung von Jugendlichen haben, aber der Realität mit den sozialen Bezugspunkten und Erfahrungen ein höherer Stellenwert beizumessen ist (vgl. Mikos und Mikos 2009, S. 14). In einer Peer-Group aufgenommen, erleben Jugendliche die Ablösung vom Elternhaus, dort wird auch das diskutiert, was in den Medien als Thema vorherrscht und durch diese als Thema angeregt wird (vgl. Barthelmes und Sander 1997, S. 274ff.). Sowohl die Medien als auch die Freunde ermöglichen eine Auseinandersetzung mit Themen und Inhalten, die im Elternhaus zwar nicht unbedingt Tabu aber auch nicht Alltag sind. Mit Gefühlen wie Peinlichkeit oder Scham die im Kon-

---

[12] Die Studienreihe Jugend, Information und (Multi-)Media des Medienpädagogischen Forschungsverbundes Südwest untersucht seit 1998 diese Thematik.

text von Sexualität oder illegalen Praktiken (Mofas frisieren oder Drogenkonsum) einhergehen, ist man im Freundeskreis deutlich weniger konfrontiert als im Elternhaus. In der Peer-Group kann man deutlich enthemmter und ungezwungener über die Themen reden, die die Gleichgesinnten interessieren. „Die Freundinnen und Freunde können dabei helfen, das eigene Leben und die eigenen Lebensentwürfe kritisch zu hinterfragen - und die Medien stellen eine Vielzahl von Lebensmodellen vor, deren Relevanz in der Gruppe diskutiert werden kann.“ (Mikos und Mikos 2009, S. 11)
Kritisch zu betrachten bleibt der Aspekt, wenn junge Menschen nicht in Peer-Groups integriert sind; Diese bereits beschriebene Isolation stellt dann einen deutlichen Einschnitt in die Entwicklung der Jugendlichen dar.
Medien bringen zum einen verschiedene Themen in den Fokus, sie „tragen auch ganz wesentlich zur Verständigung über die in der Gesellschaft geltenden Normen und Werte bei“(Mikos und Mikos a.a.O., S. 13), aber sie geben nicht nur die Themen vor, sondern werden selbst auch zum Thema, über das sich dann in der Familie und dem Freundeskreis ausgetauscht werden kann. (Zum Beispiel polarisierende Meinungen über Apple- oder Android-Geräte.) Darüber hinaus spielen sie eine bedeutende Rolle in der Ablösung vom Elternhaus und somit auch in der Sozialisation von Kindern und Jugendlichen, da sie die Möglichkeit geben, unterschiedliche Bedürfnisse zu befriedigen, und einen Zugang zu verschiedenen Rollenbildern, aber auch Werteverständnissen und Lebensformen vermitteln (vgl. Mikos und Mikos a.a.O., S. 10-12).
Indem Jugendliche bestimmte Inhalte für sich auswählen und andere nicht, finden Prozesse der Abgrenzung, Positionierung und Selbstfindung statt an denen mitunter Medien beteiligt sind. „Die Freundinnen und Freunde können dabei helfen, das eigene Leben und die eigenen Lebensentwürfe kritisch zu hinterfragen - und die Medien stellen eine Vielzahl von Lebensmodellen vor, deren Relevanz in der Gruppe diskutiert werden kann.“ (Mikos und Mikos a.a.O., S. 11) Aber auch hier bleibt kritisch zu bemerken, dass der Austausch über verschiedene Lebensweisen (wie zum Beispiel bei LSB-Jugendlichen) mit anderen Jugendlichen oftmals nicht funktioniert und Angst vor Diskriminierung zu Rückzug und Isolation führt.
Verschiedene Medien nehmen in unterschiedlichen Weisen Einfluss auf die Identitätsbildung, so werden in Film und Fernsehen Persönlichkeiten und Geschlechterrollen dargestellt und geben die Möglichkeit, sich über diese eine eigene Meinung zu bilden, sie als Vorbildrollen anzusehen und die eigene Identität daran zu orientieren. Diese Medienfunktion wird als „bedeutsam“ angesehen (vgl. Mikos und Mikos ebd.) muss aber kritisch betrachtet werden, da die dargestellten geschlechtsspezifischen Rollenbilder dem heteronormativen Gesellschaftsbild entsprechen. Ausreichend Identifikationsmöglichkeiten mit homosexuellen Rollenbildern sind trotz ihrer Präsenz in Film und Fernsehen kaum gegeben. „Schwule und lesbische Jugendliche

scheinen in der Gesellschaft und in den Medien nicht zu existieren, während zugleich zahlreiche heterosexuelle Rollenmodelle kursieren." (Schlote 2010, S. 43)

Dem Internet wird eine bedeutende Rolle zugesprochen, da Jugendliche hier ohne kommunikative Hürden schnell und anonym Informationen zu vielfältigen Themengebieten bekommen. Besonders im Bereich der Entwicklung der sexuellen Identität bietet das Internet hier einen geschützten Raum, in dem alles gefragt werden kann, was die Jugendlichen beschäftigt. Bei den Jugendlichen ändern sich mit dem Älterwerden sowohl die Vorlieben für bestimmte Themen und Inhalte, aber auch für bestimmte Medien. Sowohl Musikgeschmack, als auch Filme oder Idole unterliegen dem Wandel des Heranwachsens, auch die sich neu auf dem Markt etablierenden Medien beeinflussen das bestehende Interesse. Ob Zappen beim Fernsehen oder Surfen im Internet, Jugendliche bleiben an dem hängen, was sie interessiert. Mal sind es vertraute Inhalte, mal aber auch unbekannte und fremde. Die Vielseitigkeit der Medien bietet eine ebenso vielseitige Palette an Themen, die die Jugendlichen interessiert und wo jeder etwas für sich finden kann. Das Interesse der Jugendlichen ist an den eigenen Lebensweisen orientiert. Können sie Themen auf ihr eigenes Leben beziehen, erkennen sie sich in den dargestellten Themen und Inhalten wieder, so finden eine starke Identifikation und ein intensives Miterleben statt. Inhalte sind dann interessant, wenn die Jugendlichen ihre eigenen Lebensgeschichten darin wiedererkennen (vgl. Barthelmes 2001, S. 84–89).

Beeinflusst wird das Medienverhalten der Jugendlichen durch den Medienbesitz und -Umgang der Eltern. Welche Medien werden Kindern und Jugendlichen zugänglich gemacht, welche werden zu Geburtstagen und zu Weihnachten verschenkt, wie sieht der alltägliche Umgang mit ihnen aus? Werden in dem Haushalt, in dem die Jugendlichen aufwachsen, Bücher und Zeitungen gelesen oder wird viel ferngesehen? Vielleicht gibt es ja auch gar keinen Fernseher. Lassen die Eltern ihre Kinder selbsterforschend das Internet erkunden oder sitzen sie kontrollierend und einschränkend daneben? Diese und noch viele weiteren im Elternhaus vorgelebten Verhaltensweisen nehmen Einfluss auf das Medienverhalten der Jugendlichen und damit auch auf die Entwicklung ihre Identität (vgl. Barthelmes a.a.O., S.89).

Bei der Identitätsbildung und Sozialisation der Heranwachsenden gibt es eine wechselseitige Beziehung zwischen Medien und den realen Erfahrungen. „Die Identitätsbildung im Sozialisationsprozess vollzieht sich als dynamischer Prozess, bei dem die in der sozialen Realität und mit Medien gemachten Erfahrungen immer wieder durch neue Erfahrungen mit Medien und Freunden revidiert und erweitert werden." (Mikos und Mikos 2009, S. 14) Zusammenfassend kann man sagen, dass die Medien einen großen Beitrag zur Entwicklung der Identität von Jugendlichen leisten.

4 Forschungsdesign und Vorgehensweise

Die Literaturrecherche zu dieser Arbeit bezog sich auf Studien und Literatur, die sich zum einen im Bereich der Coming-Out-Thematik und den damit verbundenen Lebenssituationen von jungen Lesben und Schwulen bewegt und zum anderen das Medienverhalten Jugendlicher thematisiert.

Da die Autor*innen der JIM-Studie die Fragestellungen nicht veröffentlicht und diese auch nicht für diese Untersuchung zur Verfügung gestellt haben, blieb nach Absprache mit dem medienpädagogischen Forschungsverbund Südwest nur die Möglichkeit aus den veröffentlichten Ergebnissen Fragen zu rekonstruieren, mit denen dann die Befragung in der Zielgruppe durchgeführt werden konnte. Darin bestand das Hauptaufgabengebiet des zu entwickelnden Forschungsdesigns. Da die Nutzung von Internet und digitalen Medien, wie Computer, Laptop, Smartphone im Fokus der Arbeit steht, wurden aus den Ergebnissen diejenigen, die sich auf diese Bereiche beziehen ausgesucht. Aus den ausgewählten Ergebnissen wurden Fragen formuliert mit denen es möglich war, vergleichbare Resultate zu gewinnen. Darüber hinaus wurde begründet, warum diese Fragen im Kontext schwul-lesbischer Mediennutzung wichtig sind und ob zu erwarten ist, dass sich die erzielten Ergebnisse von den vorliegenden Ergebnissen der JIM-Studie 2012 unterscheiden werden.

Die Untersuchung wird im Interesse des SVLS e.V. durchgeführt, eine andere zuvor vom SVLS e.V. durchgeführte und per Facebook und Onlineforen veröffentlichte Studie erbrachte im Onlinebereich 291 Ergebnisse, so dass auch für diese Befragung ein gut auswertbarer Datensatz zu erwarten war; die Studie wurde (nur) als Onlinebefragung durchgeführt. Ein angelegter »pencil&paper – Fragebogen« kam aufgrund des großen Verteilers über den die Onlinebefragung veröffentlicht wurde nicht zum Einsatz, könnte aber ggf. in einer weiteren Untersuchung verwendet werden.

Um die Befragung zu veröffentlichen, wurden alle schwul- lesbischen Jugendgruppen und Jugendeinrichtungen in NRW[13], die Dachverbände Schwules Netzwerk und LAG-Lesben, die in der schwul- lesbischen Jugendarbeit beschäftigten Organisationen wie SchLAu[14] und Herzenslust[15], sowie die Online-Communities Gayromeo, DBNA, Funkyboys, Lesarion, Lesopia, gayyouth.de und younggay.de[16] mit der Bitte um Veröffentlichung und Unterstützung kontaktiert. Die Veröffentlichung der Onlinebefragung erfolgte in den meisten Fällen über Facebook sowie den Home-

---

[13] Anlage 1 listet alle angeschriebenen und beteiligten Einrichtungen auf.

[14] SchLAu steht für schwul/ lesbische Aufklärung (meistens an Schulen)

[15] Herzenslust ist eine Aufklärungskampagne zum Thema sexuell übertragbare Krankheiten und richtet sich an Männern die Sex mit Männern haben und wird im peer-to-peer Ansatz durchgeführt.

[16] Gayromeo, Funkyboysund DBNA (Du bist nicht allein) für Schwule, Lesarion und Lesopia für Lesben, gayyouth.de und younggay.de für LSB.

pages der Jugendzentren für diese Zielgruppe in NRW. Des Weiteren veröffentlichten Lesopia (Online-Community für lesbische Mädchen/Frauen), das schwul-lesbische Online-Jugendforum »younggay.de« die Befragung. Seitens Gayromeo kam eine Ablehnung, da zu viele Anfragen solcher Veröffentlichungen auflaufen und das die Nutzung einer kommerziellen Werbefläche beeinträchtigen würde. Lesarion meldete sich auf die Anfrage nicht zurück.

Die Erhebung wurde sechs Wochen lang, beginnend am 1. Juli, endend am 15. August 2013, durchgeführt. Insgesamt haben 453 Jugendliche an der Onlinebefragung teilgenommen. Eine vollständige statistische Auswertung der Umfrage kann für wissenschaftliche Zwecke beim Lorbeer Verlag angefordert werden.

Die vorliegende Studie erhebt nicht den Anspruch einer repräsentativen Vergleichsstudie, sondern soll Trends abbilden die eine Erkenntnis darüber erbringen, ob die in Kapitel 2 formulierten Thesenstimmen, dass LSB-Jugendliche digitale Medien und Internet anders nutzen als Hetero-Jugendliche. Die Repräsentativität wäre schon damit in Frage zu stellen, da eine Grundgesamtheit aller homo- und bisexuellen Jugendlichen nicht bekannt ist und dementsprechend auch keine Zufallsstichproben und auch keine Befragung der Gesamtheit durchführbar wären.

5 Rekonstruktion und Entwicklung der Fragestellungen

Im Rahmen dieser Publikation werden nicht alle Fragen ausführlich vorgestellt und begründet, sondern in Fragenblöcken zusammengeführt. Der jeweilige Kernaspekt und dessen Wichtigkeit für die Unterscheidung der Mediennutzung von LSB- und heterosexuellen Jugendlichen sowie die Anlehnung an die JIM-Studie 2012 werden dann für den jeweiligen gesamten Fragenblock dargestellt. Der verwendete Fragebogen wurde zur gezielten Einsicht dem Anhang hinzugefügt.

5.1 Fragenblock 1: LSB-soziodemografische Daten

Die Befragung richtet sich an die Zielgruppe von jungen Lesben, Schwulen und Bisexuellen im Alter von 14 – 27 Jahren. Es muss zu Beginn definiert werden, wieso sich die Zielgruppe über diese Altersspanne erstreckt. In verschiedenen gesetzlichen Kontexten werden Begriffe wie Kinder, Jugendliche und junge Erwachsene definiert. So formuliert zum Beispiel das Jugendgerichtsgesetz: „Jugendlicher ist, wer zur Zeit der Tat vierzehn, aber noch nicht achtzehn, Heranwachsender, wer zur Zeit der Tat achtzehn, aber noch nicht einundzwanzig Jahre alt ist." (Jugendgerichtsgesetz, S. §1) Darüber hinaus und für das Berufsfeld der schwul-lesbischen Jugendarbeit besonders von Bedeutung ist das achte Sozialgesetzbuch: "Im Sinne dieses Buches ist Kind, wer noch nicht 14 Jahre alt ist, [...] Jugendlicher, wer 14, aber noch nicht 18 Jahre alt ist, junger Volljähriger, wer 18, aber noch nicht 27 Jahre alt ist," (Deutscher Bundestag, SGB IIIV, § 7) Aus §11 des SGB VIII ergibt sich das Tätigkeitsfeld der Jugendarbeit und offenen Jugendarbeit, welches sich an junge Menschen (also im Alter bis zu 27 Jahren) richtet, mit seinen Aufgaben und Schwerpunkten. Dementsprechend ist die Auswahl der Zielgruppe für diese Befragung begründet.

Fragenblock eins (Fragen F001 bis F009) bezieht sich auf Daten zur Person und vor allem zum Coming-Out. Dabei sind nur die Fragen F004 (Alter), F007 (Angabe ob Schüler*in, Student*in, etc.) F008 (Schulform) sowie F009 (Höchster Bildungsabschluss) im direkten Bezug zur JIM-Studie aus deren Ergebnissen abgeleitet worden. Die anderen Fragen sind ergänzend für diese Befragung, um die nötigen Hintergrundinformationen zu der befragten Zielgruppe zu bekommen. So ist die Frage »Bist Du geoutet?« (F001) durchaus wichtig, um zu sehen in welchem Entwicklungsprozess die befragte Person derzeit steckt und um Zusammenhänge zwischen der Mediennutzung, zum Beispiel zur Informationsbeschaffung vor und nach dem Coming-Out differenzieren zu können. Aus den Ergebnissen der Frage »Hast oder hattest Du das Gefühl, dass es besser ist Deine Homosexualität in einem Lebensbereich ganz oder teilweise zu verbergen?« (F002) lassen sich bestimmte Verhaltensweisen zur Mediennutzung erklären. So ist zu vermuten, dass die Mediennutzung zurückhaltender und heimlicher stattfindet, wenn jemand seine Homosexualität vor dem Umfeld verbirgt, als wenn diese Person ganz offen damit umgeht. Das kann sich vom Umgang mit der Veröffentlichung von persönlichen Daten und Fotos, bis hin zum Löschen von Cookies und Verläufen auf dem Computer oder in andere Bereiche erstrecken.

»Was sind Deine Interessen in der lesbischen / schwulen Welt?« (F003) Mit dieser Frage sollen Freizeitinteressen der Befragten erkennbar werden, deren Einfluss auf die Mediennutzung zu vermuten ist. Gibt hier jemand zum Beispiel die Antwort, dass er zu Freunden und Bekannten Kontakt halten will, ist ebenfalls im Bereich von socialcommunities eine aktive Mediennutzung zu erwarten. Des Weiteren erhofft sich der SVLS e.V. aus den Ergebnissen dieser Frage Hinweise zur Neu- bzw. Umgestaltung der bestehenden Angebote.

Die JIM-Studie 2012 hat Jugendliche im Alter zwischen 12 und 19 Jahren befragt. Die Zielgruppe der schwul-lesbischen Jugendarbeit erstreckt sich wie bereits beschrieben über das Alter von 14 – 27 Jahren. Demzufolge ist hier der größte Unterschied in der Befragung festzustellen. Inwiefern dieser Unterschied Einfluss auf die Ergebnisse hat, muss in der Auswertung diskutiert werden. Bei der Beantwortung der Frage »Wie alt bist Du?« (F004) gibt es wie in der JIM-Studie die Möglichkeit der Zuordnung in die Altersgruppen, 14-15J., 16-17J., 18-19J.,darüber hinaus dann auch 20-21J. und 21-27J. Sollten die gewonnen Ergebnisse so starke Unterschiede aufweisen, dass es fraglich ist, ob sich die Unterschiede in der Tatsache der gleichgeschlechtlichen Orientierung oder aber in der Altersspanne der definierten Zielgruppe begründen, können die Ergebnisse der sich jeweils deckenden Altersgruppe (14-19J.) miteinander verglichen werden.

Mit der Frage »Wie alt warst Du, als Du Dir das erste Mal bewusst Gedanken zur Homosexualität gemacht hast (Beginn inneres Coming-Out)« (F004a) sollen sich Bezüge zur Länge der thematischen Auseinandersetzung und dem damit verbundenen Mediennutzungsverhalten erkennen lassen. Je länger sich jemand bereits mit dem Thema beschäftigt, desto wahrscheinlicher ist auch ein offener und selbstbewusster Umgang mit diesem Thema, was sich dann wahrscheinlich auch in der Nutzung verschiedener Medien in diesem Kontext widerspiegelt.

Die Fragen F005 und F005a (Bundesland und Stadt) sollen eine genauere Beschreibung der befragten Zielgruppe und zudem Unterscheidungsmerkmale wie Stadt und ländliche Region, ermöglichen. Es ist zu vermuten, dass Jugendliche in ländlichen Regionen ebenfalls eine andere Mediennutzung aufweisen, als Jugendliche in den Ballungsgebieten. Darüber hinaus kann anhand der erlangten Antworten erkannt werden, bis wohin die genutzten Veröffentlichungswege der Befragung, diese überall zugänglich gemacht haben.

Ergänzend zur Unterscheidung nach Geschlecht, erfolgt unter F006 die Zuordnung der sexuellen Orientierung. Der Zielgruppe entsprechend wird mit der Auswahlmöglichkeit Trans*, über die Geschlechterdichotomie Mann-Frau hinausgegangen, auch wenn die Befragung in erster Linie die gleichgeschlechtliche Orientierung in den Vordergrund stellt. Des Weiteren besteht eine fünfstufige Skalierung zwischen homo-, bi- und heterosexuell. Da es manchen Jugendlichen schwer fällt, sich sowohl im Geschlecht als auch in der sexuellen Orientierung einzuordnen, ist bei dieser Frage, anders als bei allen anderen Fragen, die Pflichtfragen-Markierung aufgehoben und es besteht hier die Möglichkeit, die Frage nicht beantworten zu müssen.
Die Fragen F007 (Berufs-Ausbildungsstatus), F008 (besuchte Schulform) und F009 (höchster Bildungsabschluss) sollen ebenfalls wie in der JIM-Studie den Zusammenhang zwischen Bildung und Mediennutzung widerspiegeln.

5.2 Fragenblock 2: Medienausstattung

Mit den Fragen F010 – F013 soll erhoben werden, zu welchen Medien (auch nicht digitale Medien wie zum Beispiel Zeitungen und Zeitschriften) die Jugendlichen Zugang haben, welche sie tatsächlich besitzen und welche in dem Haushalt, in dem sie leben, vorhanden sind. Um die Lebenssituation aller Befragten besser darstellen zu können, bezieht sich F011 darauf, wie und bei wem die Jugendlichen leben. Die Grundausstattung der Haushalte von hetero- und LSB-Jugendlichen wird sich vermutlich nicht unterscheiden. Es ist auch fraglich, ob sich der private Besitz bei den beiden unterschiedlichen Zielgruppen unterscheiden wird. Dieser wird in der JIM-Studie durchaus als wichtiger Faktor beschrieben, denn so können die Jugendlichen frei über die eigenen Medien verfügen. Der mit dem Coming-Out verbundene Mehrbedarf an Informationen und ein damit verbundenes größeres Interesse Internet und digitale Medien nutzen und besitzen zu können, lassen sich aber vermuten.

5.3 Fragenblock 3: Freizeitaktivitäten

Die JIM-Studie 2012 stellte einen bedeutenden Stellenwert non-medialer Freizeitaktivitäten mit Familie oder Freunden im Alltag der Jugendlichen fest (vgl. Medienpädagogischer Forschungsverbund Südwest 2012, S. 9). Es ist zu vermuten, dass Jugendliche im Prozess ihres Coming-Out sich sowohl zum Freundeskreis als auch zur Familie distanzierter verhalten und deutlich mehr im Internet nach »Gleichgesinnten« suchen, daher ist hier zu erwarten, dass die Nennungen im Bereich »Familienunternehmungen« und »mit Freunden treffen« seltener benannt werden als in der JIM-Studie. Die Fragen F014 – F016, zielen auf die ausgeführten Freizeitaktivitäten und deren Häufigkeit, das Engagement in Vereinen und Gruppen aber auch auf die Beschäftigung mit Medien in der Freizeit ab.

5.4 Fragenblock 4: Wichtigkeit und Glaubwürdigkeit der Medien

Mit F017 soll analog zur JIM-Studie herausgefunden werden, wie die befragten Jugendlichen bestimmte Medien bewerten und welche subjektive Wichtigkeit den einzelnen Medien zugeschrieben wird. Aus bereits genannten Gründen wird vermutlich bei der hier befragten Zielgruppe der Internetnutzung ein höherer Stellenwert beigemessen. Bei der vermuteten Affinität zum Internet wird besonders interessant sein, welchem Medium die Zielgruppe mehr Glaubwürdigkeit zuspricht, wenn Tageszeitung, Fernsehen, Radio und Internet zu ein und demselben Ereignis unterschiedliche Berichterstattungen abliefern (F018).

5.5 Fragenblock 5: Computer und Internet

Gerade in der Phase vor dem Coming-Out brauchen Jugendliche Informationsquellen, die ihnen schnell und anonym sehr intime Fragen beantworten können. Bei klassischen Medien wie Zeitschriften und Bücher stellt es sich oftmals als eine große Hemmschwelle heraus, sich diese zu kaufen oder auszuleihen. Ebenso kommen Freund*innen und Familie erst nach dem Coming-Out als Berater*innen und Gesprächspartner*innen in Betracht. Neben der Informationsbeschaffung ist aber auch der Kontakt zu anderen Gleichgesinnten ein sehr bedeutsamer Aspekt. "Insbesondere viele homo- und bisexuell orientierte Jugendliche nehmen über das Internet zum ersten Mal Kontakt zu 'Gleichgesinnten' auf, tauschen Erfahrungen aus und verabreden sich, mitunter auch erfolgreich." (Kolanowski 2009, S. 119) Dementsprechend

stellt die Kategorie Computer und Internet den wichtigsten Fragenblock in dieser Befragung dar, hier werden die meisten Unterschiedlichkeiten zur Vergleichsgruppe der Hetero-Jugendlichen vermutet.
F019 und F020 erfragen, ob die Befragten über Computer und Internet verfügen. Wird bei der Onlinebefragung angeklickt, dass überhaupt kein Internetzugang zur Verfügung steht, so werden die gesamten Fragen zum Bereich Internetnutzung übersprungen. Der »pencil&paper – Fragebogen« fordert dann zum Überspringen der nächsten Fragen auf.
Bei diesen Fragen ist ein signifikanter Unterschied zwischen den Zielgruppen nicht zu erwarten. Dagegen ist bei F021 und F021a, in denen nach der täglichen bzw. wöchentlichen Nutzungsdauer des Internets gefragt wird, ein deutlicher Unterschied zu vermuten. Dies begründet sich darin, dass LSB-Jugendliche mehr themenbezogene Informationen recherchieren und auch das Internet nutzen, um mit Gleichgesinnten in Kontakt zu kommen. Darüber hinaus werden sie in der Distanz zum sozialen Umfeld begründet, ihre freie Zeit ebenfalls mit der Nutzung des Internets gestalten. Es wird interessant sein, die Ergebnisse von F022 (über welche Medien das Internet genutzt wird) auszuwerten. Zum einen durch die Verbreitung der Smartphones bedingt, zum anderen aber auch durch die Möglichkeit unkontrolliert surfen und chatten zu können, ohne verdächtige Verläufe oder temporäre Dateien zu hinterlassen, ist zu erwarten, dass solche mobilen Endgeräte, über die das Internet erreicht werden kann, an erster Stelle stehen. In der JIM-Studie 2012 sollten die befragten Jugendlichen den zeitlichen Umfang ihrer Nutzung verschiedenen Bereichen zuordnen. Kommunikation stand an erster, Unterhaltung an zweiter, Spiele an dritter und Informationssuche an vierter Stelle der Nutzungshäufigkeit. Mit der Frage „Wofür nutzt Du am häufigsten, wofür am wenigsten das Internet“ (F023), sollen die Jugendlichen dieser Befragung ihr Nutzungsverhalten einschätzen und abgestuft angeben, welchen dieser Bereiche sie am meisten und welchen sie am wenigsten nutzen. Entgegen den Ergebnissen der JIM-Studie 2012 ist zu erwarten, dass der Bereich »sich informieren« deutlich häufiger genannt wird. Darauf folgt mit F024-F027 eine detaillierte Aufschlüsselung, was unter die einzelnen Bereiche fällt. Diese Rasterfragen untersuchen die Häufigkeit und den Zweck der Internetnutzung in Bezug zu den Schwerpunkten Kommunikation, Unterhaltung, sich informieren, Schule und Freizeit sowie Web 2.0. Bei diesen Aufschlüsselungen werden die Ergebnisse vermutlich nur unwesentlich von den Ergebnissen der JIM-Studie 2012 abweichen, es ist aber denkbar, dass in dem Bereich Kommunikation mehr Aktivitäten bei Online-Communities und bei Chatten festzustellen sein wird.

5.6 Fragenblock 6: Online-Communities

Die Ergebnisse der JIM-Studie 2012 zeigen, dass Online-Communities zu den am meisten genutzten Anwendungen im Internet gehören, 87 Prozent der Befragten sind in einer Online-Community angemeldet, insgesamt 79 Prozent der Internetnutzer*innen loggen sich mindestens mehrmals pro Woche in ihrer Online-Community ein. Besonders im Hinblick auf die Gegebenheit, dass LSB-Jugendliche den Kontakt und Anschluss zu Gleichgesinnten suchen, wird sich dieses in dem Nutzungsverhalten verschiedener Online-Communities widerspiegeln. In diesem Fragenblock sind F028-F034 dieser Kategorie gewidmet; die aus den Ergebnissen der JIM-Studie rekonstruierten Fragestellungen wurden dem Kontext dieser Befragung angepasst. So ermittelt die Frage „Welche Online-Communities kennst Du?“ (F028), ob Jugendliche dort aufgelistete Communities kennen und nutzen, kennen aber nicht nutzen, oder noch nie davon gehört haben. Es wurden hier die Communities benannt, nach denen auch die JIM-Studie 2012 fragte, außerdem wurden Communities für Schwule und Lesben (wie z.B. Gayromeo, Lesarion) hinzugefügt. Bei der Auswertung dieser Frage ist zu vermuten, dass die jüngeren Befragten, »Gayromeo« zwar kennen, aber nicht nutzen, sondern eher in den für die Zielgruppe der Jugendlichen angelegten schwulen Communities wie »Funkyboys« oder »DBNA« angemeldet sind. Vermutlich wird, wie bei der JIM-Studie, »Facebook« die bekannteste und am meisten genutzte Community sein. Mit der F029 (Wozu nutzt Du wie oft die verschiedenen Communities) wird analysiert, wie oft die Jugendlichen in den Communities welchen Tätigkeiten nachgehen. Als Rasterfrage angelegt soll hier angegeben werden, ob die ausgeübte Tätigkeit täglich bis mehrmals pro Woche, einmal pro Woche bis einmal pro vierzehn Tage, einmal pro Monat bis seltener oder gar nicht ausgeführt wird. Aufgelistet sind dann die Tätigkeitsbereiche von spielen, das eigene Profil bearbeiten, über posten was man gerade macht und Videos oder Fotos einstellen, bis hin zu chatten, Nachrichten schreiben sowie Kontakt zu anderen Leuten suchen. Es lässt sich vermuten, dass die Tätigkeiten Nachrichten verschicken und chatten ebenso wie in der JIM-Studie 2012 mehrmals pro Woche ausgeübt werden und auch den prozentual größten Tätigkeitsbereich darstellen. Unter den bereits benannten Gesichtspunkten ist ebenfalls zu erwarten, dass der Bereich »nach Leuten und Kontakten suchen« deutlich stärker ausgeprägt sein wird, als in der JIM-Befragung. In der nächsten Frage (F030) sollen die Befragten ja oder nein ankreuzen und somit angeben, welche der aufgelisteten Informationen sie über sich in den jeweiligen Profilen und Communities preisgeben. Im Bezug zu der aktuellen Phase des Coming-Out werden sich die Ergebnisse wohl unterscheiden. Vermutlich geben Jugendliche die noch in der Phase des inneren Coming-Out sind, aus der Angst heraus entdeckt zu werden, weniger von sich preis als die Hetero-Jugendlichen, besonders wenn es um die

Anmeldung in schwul-lesbischen Communities geht. Da Jugendliche nach durchlebtem äußeren Coming-Out durchaus zu Extrovertiertheit und Kompensationsverhalten zur bis dahin gelebten Unterdrückung der sexuellen Identität neigen, ist ein freizügigerer Umgang mit persönlichen Informationen durch diese zu erwarten. Es ist auch eine Häufung unkorrekter Altersangaben wahrscheinlich, um »Einlass« in die spezifischen Communities zu bekommen. Bilder auf denen man zu erkennen ist, werden in diesen Netzwerken vermutlich auch erst nach dem äußeren Coming-Out veröffentlicht. Zusammenfassend haben LSB-Jugendliche wahrscheinlich aus der Angst vor dem Entdecktwerden heraus, ein größeres Sicherheitsverständnis in Bezug auf die persönlichen Daten.

In den letzten Jahren sind die Zahlen der gespeicherten Freunde in den sozialen Netzwerken deutlich angestiegen. 2012 waren es durchschnittlich 272 gespeicherte Freunde, so die Ergebnisse der JIM-Studie. Bei F031 sollen die befragten Jugendlichen angeben, mit wie vielen Freunden sie durchschnittlich vernetzt sind. Große Abweichungen zu den Ergebnissen der JIM-Studie sind hier nicht zu erwarten, jedoch könnte sich der Trend verdeutlichen, dass LSB-Jugendliche aus der Distanz zum sozialen Umfeld heraus, mit weniger Leuten befreundet sind.

F032 steht im Kontext von Datensicherheit und fragt nach der Aktivierung der sogenannten Privacy Optionen in den Profilen der sozialen Netzwerke. Wie bereits bei F030 erläutert, ist zu vermuten, dass die befragte Zielgruppe aus der Angst vor Entdeckung, besonnener mit persönlichen Daten umgeht. Die Ergebnisse der JIM-Studie zeigen: 87 Prozent der Befragten haben die Privacy Optionen aktiviert. Dieser bereits sehr hohe Anteil, wird in dieser Befragung vermutlich nicht übertroffen; die 87 Prozent werden wahrscheinlich ebenfalls nicht deutlich unterschritten.

Das subjektive Sicherheitsempfinden bezüglich des Umgangs mit den persönlichen Daten seitens der Betreiber und Anbieter dieser Communities, sollen die Jugendlichen sich in F033 anhand einer Viererskala zwischen »sehr sicher und gar nicht sicher« einordnen. Auch hier ist die Vermutung naheliegend, dass die Angst vor dem Entdecktwerden, zu einem größeren Unsicherheitsempfinden führt.

Während F030 sich auf die persönlichen Daten bezieht, die in solchen Communities preisgegeben werden, ergänzt F034 um den Bereich der persönlichen Informationen, wie Hobbys, Fotos und Filme auf denen man zu sehen ist, sowie Kontaktdaten (Emailadresse, Telefonnummer, Messanger IDs). Informationen über Hobbys und andere Tätigkeiten sind noch sehr unverfänglich, hier ist eine große Abweichung zu den JIM-Ergebnissen nicht zu erwarten. Bei den Punkten Filme und Fotos (sowohl der eigenen, als auch die auf denen Familie und Freunde zu sehen sind), sowie Kontaktdaten ist von einem zurückhaltenderen Veröffentlichungsverhalten auszugehen.

5.7 Fragenblock 7: Handynutzung

96 Prozent der befragten Jugendlichen aus der JIM-Studie besitzen ein Handy. Es wird auch in dieser Befragung wohl kaum große Abweichungen von diesen Zahlen geben. Der Anstieg im Besitz und in der Nutzung von Smartphones stellt einen interessanten Aspekt dar, der auch mit einem unkontrollierten und freiverfügbaren Zugang zum Internet und den damit verbundenen Recherche- und Kontaktmöglichkeiten einhergeht. Dennoch bleiben soziale und finanzielle Gesichtspunkte zu beachten, die es den Jugendlichen aus der Zielgruppe dieser Befragung nicht mehr oder weniger ermöglicht, sich ein Smartphone zu finanzieren, wie den Jugendlichen der JIM-Studie. So werden sich die benannten Entscheidungsgründe für ein Smartphone nur vermuten, aber aus den Zahlen heraus wohl nicht bestätigen lassen. F035 erfasst, ob die Befragten ein Handy, ein Smartphone oder keines von beidem besitzen. F036 und F037 fragen nach den Ausstattungsmerkmalen wie z.B. Internetfähigkeit und Betriebssystem und dem Alter des mobilen Telefons. Hier werden vermutlich gleiche Ergebnisse wie in der JIM-Studie herauskommen, die ebenfalls den Trend widerspiegeln werden, dass Jugendliche mit geringerem Bildungshintergrund neuere Geräte haben. Die angenommene Wichtigkeit der Internetnutzung über das Handy / Smartphone, wird mit F038 / F038a ermittelt, indem nach der Nutzung des Internets über das Handy und nach einer Internetflatrate für das mobile Telefon gefragt wird. Ein sehr hoher Anteil der Befragten wird das Internet wohl über das Handy nutzen. Der Vergleichswert der JIM-Studie 2012 liegt bei 40 Prozent.

Bei F039 sollen drei Kategorien angekreuzt werden, welche Apps als persönlich besonders wichtig angesehen werden. Zu den in der JIM-Studie abgefragten Apps, sind zwei weitere Antwortmöglichkeiten (gleichgeschlechtliche Kontakte und sexuelle Kontakte) entsprechend der Zielgruppe ergänzt worden. Gerade in diesem Bereich wird eine hohe Nutzung von Apps vermutet. Über die Nutzung von Apps hinaus, wird in der F040 nach generell genutzten Funktionen und Anwendungen auf dem Handy (wie zum Beispiel Kalender- und Weckfunktion, SMS verschicken, Fotos machen, etc.) gefragt, hier gibt es keine Begrenzung der Antwortmöglichkeiten. Die Bereiche »Communities über das Handy nutzen« und »im Internet surfen« werden eventuell häufiger genannt, als in der JIM-Studie 2012. Bei den anderen Angaben sind großen Abweichungen unwahrscheinlich.

Häufig kommt es unter Jugendlichen auch zu missbräuchlicher Nutzung von Handys, so dass brutale Videos oder pornografische Inhalte per Bluetooth getauscht und verbreitet werden. F041 listet verschiedene solcher missbräuchlichen Nutzungen auf und gibt die Antwortmöglichkeiten »habe ich selbst schon verschickt«, »habe ich schon mal bekommen«, »habe ich sowohl bekommen als auch verschickt«, »habe ich mir auf Handys anderer angeschaut« sowie »habe ich noch keinen Kontakt dazu gehabt«, vor. Die Nutzung und Verbreitung von pornografischem Material (gerade bei den homosexuellen Jungen) ist wahrscheinlicher als die Nutzung und Verbreitung von gewalttätigen oder gewaltdarstellenden Inhalten.

5.8 Fragenblock 8: Technische Kompetenzen

Da dem Bereich von digitalen Medien, Computern und Internet in der heutigen Zeit eine so hohe Bedeutung zugesprochen wird, sind technische Kompetenzen in diesem Bereich ebenfalls sehr wichtig. Was können Jugendliche und welche Tätigkeiten üben sie häufig aus? Es ist besonders wichtig, dass Jugendliche den richtigen Umgang mit Medien erlernen und Aspekte wie Datensicherheit und technisches Verständnis dabei reflektieren. Bei F044 ist es wahrscheinlich, dass die Nennung »Cookies und Verläufe auf dem Computer gelöscht« häufig erfolgt; hierbei steht dann vermutlich die Angst vor dem Entdecktwerden im Vordergrund. Allgemein sind keine großen Unterschiede zu den Ergebnissen der JIM-Studie zu erwarten.

5.9 Fragenblock 9: Bedeutung digitaler Medien

In dem letzten Block werden Fragen gestellt, die nicht alle aus der JIM-Studie 2012 stammen, diese zielen spezieller auf die Lebens- und Erfahrungswelt von homosexuell-orientierten Jugendlichen ab. So wird mit F045 abgefragt, welche Erfahrungen die Probanden im Bereich von Cybermobbing gemacht haben, diese Thematik wurde auch in der JIM-Studie 2012 behandelt. Die möglichen Antworten gehen jedoch über den Katalog der JIM-Studie hinaus und reichen von »selbst erlebt«, »im Bekanntenkreis erlebt«, bis hin zu »Grund dafür ist die sexuelle Orientierung«. Die Ergebnisse sollen zum einen zeigen, wie oft Jugendliche dieser Zielgruppe mit Cybermobbing konfrontiert sind, um zum anderen dann daraus abzuleiten, wie wichtig es ist, für Cybermobbingopfer Hilfestellungen und Verhaltenstrainings anzubieten. Des Weiteren wird hier beleuchtet, ob die Teilnehmenden schon einmal selbst Cybermobbing betrieben und ob eigene Diskriminierungserfahrungen zu diesem Handeln geführt haben. Denn oftmals werden Opfer zu Tätern, was durchaus ein nicht wünschenswertes Ergebnis ist, aber dennoch zeigen würde, dass auch in diese Richtung gedacht und gehandelt werden muss.
Homosexuelle Jugendliche haben in erster Linie die gleichen Schwierigkeiten in der Pubertät wie heterosexuelle Jugendliche, jedoch kommen die Coming-Outbedingten Probleme hinzu, was zu einer emotionalen und psychischen Mehrbelastung führt. F046 fragt nach einer subjektiven Bewertung, ob die Befragten glauben, dass sich

diesbezüglich die Mediennutzung (Internet, Computer, Smartphone, etc.) von LSB-Jugendlichen zu der von Hetero-Jugendlichen unterscheidet. Auf einer Viererskala kann hier abgestuft von »Ja, sehr sogar« bis »nein, überhaupt nicht« geantwortet werden. Vermutlich wird die Mehrheit der Ergebnisse in der Hälfte des »Ja, die Nutzung unterscheidet sich« liegen. Mit der Frage „Wie beurteilst Du persönlich die Wichtigkeit von Computern, Internet und digitalen Medien in Bezug auf den Prozess des Coming-Out und des Findungsprozesses der sexuellen Orientierung?" (F047) soll ebenfalls auf einer Viererskala abgestuft von »sehr wichtig« bis »unwichtig« das subjektive Empfinden beurteilt werden. Auch hier wird vermutet, dass die Ergebnisse im Bereich »sehr wichtig / wichtig« liegen werden. Ergänzend zu den Fragen im Block »Computer und Internet« sowie »Online-Communities« zielen F048 und F049, auf eine Unterscheidung der Nutzungshäufigkeit für Inhalte rund um das Thema Homosexualität und Coming-Out und Themen ohne diese Inhalte ab. Über diese beiden Fragen soll die Erkenntnis gewonnen werden, ob LSB-Jugendliche nach ihrer Selbsteinschätzung häufiger, seltener oder gleich viel, das Internet und Online-Communities für Inhalte nutzen, die mit Homosexualität und Coming-Out zu tun haben oder eben nicht.

Alle benannten Ergebnisse der JIM-Studie 2012, lassen sich in der vom medienpädagogischen Forschungsverbund Südwest herausgegebenen Veröffentlichung der Ergebnisse nachlesen (vgl. Medienpädagogischer Forschungsverbund Südwest 2012, S. 1–65). Der Fragebogen der vorliegenden LSBT-Studie ist im Anhang beigefügt. Eine vollständige statistische Auswertung der Befragungsergebnisse kann beim Lorbeer Verlag zu wissenschaftlichen Zwecken angefordert werden.

6 Ergebnisse und Vergleich

Die hier angeführten Ergebnisse beziehen sich in erster Linie auf tatsächlich feststellbare Unterschiede, welche dann auf mögliche Begründungen und Zusammenhänge deskriptiv behandelt werden. Aufgrund der Unterschiedlichkeit in den Stichproben, (iterativ gewichtete, repräsentative Stichprobe der JIM-Studie und eine willkürliche Stichprobe der hier vorliegenden LSBT-Befragung), beschränkt sich die Auswertung auf eine Deskription der erhobenen Daten. Die festgestellten Differenzen oder aber auch Gemeinsamkeiten sollen dann zeigen, ob die formulierten Thesen über eine unterschiedliche Mediennutzung zwischen den beiden Zielgruppen belegt werden können. Dies dient dann als Grundlage um Handlungsforderungen für medien-pädagogische Ansätze aber auch für schwul-lesbische Jugendarbeit zu formulieren und außerdem aufzuzeigen, inwiefern diese Thematik in der Wissenschaft weiterverfolgt werden kann.

Vergleichbarkeit der Ergebnisse und Unterschiede in der Vorgehensweise beider Befragungen: In der JIM-Studie 2012 wurden die ausgewählten Jugendlichen telefonisch befragt, die Befragung dieser LSB-Studie basierte auf einer Onlinebefragung, an der die Jugendlichen und jungen Erwachsenen weitestgehend unaufgefordert und freiwillig teilnehmen konnten. Über diesen Weg wurden prinzipiell die Personen erreicht, die im Internet unterwegs sind, LSB-Jugendliche die nicht im Internet unterwegs sind, hatten somit keinen Zugang zu dieser Befragung. Um auch für diese Zielgruppe Ergebnisse erheben zu können, müssten Jugendliche zusätzlich per Fragebogen befragt werden. Lassen sich aus den erzielten Onlineergebnissen Tendenzen und Trends einer unterschiedlichen Mediennutzung erkennen, wäre der Einbezug derjenigen LSB-Jugendlichen die nicht im Internet unterwegs sind, für die weitere wissenschaftliche Arbeit erforderlich. Diese Untersuchung begnügt sich insofern erst einmal mit den bisher gewonnen Onlineergebnissen.

Die JIM-Studie 2012 hatte in der Gesamtheit aller Befragten fast ein Gleichgewicht zwischen Jungen (51%) und Mädchen (49%) erreicht. Dieses Gleichgewicht ist in den vorliegenden Ergebnissen nicht abgebildet. Darüber hinaus sind die Altersgruppen in der JIM-Studie 2012 sehr homogen gegliedert. 12-13 Jahre (24%), 14-15 Jahre (25%), 16-17 (24%), 18-19 Jahre (26%) (vgl. Medienpädagogischer Forschungsverbund Südwest 2012, S. 4).

In den vorliegenden Ergebnissen ist dieses homogene Altersverteilung ebenfalls nicht gegeben (Abbildung 3), mitunter durch die Gestaltung als nicht repräsentative Befragung begründet, da es nicht möglich ist und auch nicht gewollt war, ein genaues Spiegelbild der Grundgesamtheit, bzw. einer schwul- lesbischen Grundgesamtheit abzubilden.

Durch die gleichmäßig verteilte Stichprobe der JIM-Studie sind sowohl die ländlichen als auch die städtischen Regionen gleichermaßen vertreten, die Teilnehmenden der LSB-Befragung kommen überwiegend aus den Ballungsgebieten und Großstädten (Abbildung 5). Ebenso ist eine gleichmäßige Verteilung und Erreichbarkeit der LSB-Jugendlichen im gesamten Bundesgebiet nicht erzielt worden, hier kommen die meisten der Befragten aus Nordrhein-Westfalen (Abbildung 4).
Die erreichten Bildungsgruppen in der JIM-Studie beinhalten Schüler*innen von Hauptschulen (11%), Realschulen (32%) und Gymnasien (54%). Es wurden keine Schüler*innen von Gesamtschulen befragt. Die in dieser Untersuchung erreichten Bildungsgruppen umschließen Schüler*innen von Hauptschulen (5%), Realschulen (15%), Gesamtschulen (23%) und Gymnasien (57%) (Abbildung 6). Zudem unterschei-den sich die Befragten der beiden Zielgruppen darin, dass deutlich mehr der LSB-Jugendlichen bereits studieren, in der Ausbildung oder sogar schon berufstätig sind. Bei den JIM-Jugendlichen geht der größte Anteil noch zur Schule (Abbildung 7).
Diese Unterschiede in beiden Befragungen erschweren die direkte Vergleichbarkeit. Inwiefern diese Abweichungen bei der Interpretation der Ergebnisse von Bedeutung sind, muss im jeweiligen Einzelfall erörtert werden.
Im Zeitraum vom 1. Juli bis 15. August 2013 nahmen 155 männliche, 285 weibliche, sowie 13 weitere Jugendliche, die keine Einordnung in die Geschlechter-Dichotomie vornehmen wollten, an der Onlinebefragung teil. Dies entspricht in Prozentangaben 63% weibliche, 34% männliche sowie 3% Befragte ohne Geschlechterzuordnung.

6.1 Auswertung Fragenblock 1: LSB-soziodemografische Daten

Das Alter der Befragten geht von 14 -27 Jahren. Um eine bessere Vergleichbarkeit mit der JIM-Studie 2012 zu erlangen, werden die Ergebnisse in zwei Altersgruppen unterteilt. Zum einen die Jugendlichen im Alter von 14-19 Jahren, welche mit 171 Befragteneinen Anteil von 37,7% darstellen, zum anderen die jungen Erwachsenen, die mit 282 Befragten den größeren Anteil von 62,3% repräsentieren.
In beiden Altersgruppen liegt das Verhältnis von weiblichen zu männlichen Teilnehmenden bei gerundet ⅔ zu ⅓. Da die Befragung sowohl in schwulen als auch lesbische Foren und Portalen, sowie über Kanäle die für beide Zielgruppen gleichermaßen verfügbar sind (z. B. Facebook Seiten der jeweiligen Einrichtungen) veröffentlicht wurde, lässt sich dieses Ungleichgewicht nicht ohne weiteres erklären. Es ist zu vermuten, dass lesbische Mädchen und Frauen sich eher die Zeit nehmen um an solchen Befragungen teilzunehmen, ggf. sogar mit dem Bewusstsein damit etwas

Unterstützendes für die Community zu tun. Dies kann aber aus den Ergebnissen nicht eindeutig abgeleitet werden.

Durch die Veröffentlichung der Umfrage in den verschiedenen Foren und Plattformen wurden Teilnehmende in nahezu ganz Deutschland erreicht. Ebenfalls wurde sogar aus den Ländern Österreich (9TN), Schweiz (1TN) und Frankreich (1TN)[17] an der Befragung teilgenommen. Den größten Anteil der Befragung stellt mit 36,4% Nordrhein-Westfalen dar, gefolgt mit 9,9% von Niedersachsen und mit 9,1% von Bayern. Diese Ergebnisse zeigen, dass die über den gewählten Verteiler ermöglichte Veröffentlichung eine Erreichbarkeit der Befragung in ganz Deutschland ermöglicht hat. Wieso die Teilnahme in den einzelnen Bundesländern so unterschiedlich stark ausgefallen ist, lässt sich aus den Ergebnissen und dem Vorgehen bei der Veröffentlichung nicht erklären. Zu vermuten ist, dass aufgrund einer stärkeren Bewerbung auf der Homepage der together Jugendtreffs sowie deren Facebook-Seiten, aber auch durch die Zusammenarbeit mit umliegenden schwul-lesbischen Strukturen in NRW eine größere Verbreitung erfolgt ist, als in den anderen Bundesländern (Abb. 4).

In Nordrhein-Westfalen selbst kamen die Teilnehmenden ebenfalls weit verstreut aus dem gesamten Bundesland. Vom Rheinland, dem Niederrhein, dem Ruhrgebiet, dem Münsterland, dem Siegerland sowie dem Bereich Ostwestfalen-Lippe, waren alle Regionen vertreten. Ländliche Regionen, Klein- und Großstädte sind vertreten, wobei die größere Beteiligung aus den Großstädten gekommen ist. Aus Köln, Essen und Dortmund kamen die meisten Beiträge, das Ruhrgebiet war mit 45,5% der Teilnehmenden aus NRW die am besten vertretene Region (Abbildung 5).

Bei allen Befragten gibt es 140 Auszubildende, 125 die schon berufstätig sind, 99 Schulbesucher*innen sowie 89 Student*innen. Von den Schüler*innen besuchen 57 das Gymnasium, 23 die Realschule, 15 die Gesamtschule und 5 die Hauptschule. Durch eine Mehrfachnennung weisen die Ergebnisse eine Abweichung auf, nachdem die besuchten Schulformen von 100 Schüler*innen besucht werden, obwohl 99 von den Befragten angaben noch zur Schule zu gehen. Diese Abweichung ist für weitere Auswertungen aber nicht von Bedeutung. Bei der Auswertung der Ergebnisse aller LSB-Jugendlichen bis 19 Jahren ergibt sich eine prozentuale Verschiebung zu den Ergebnissen der JIM-Studie 2012. So sind nur 52% Schüler*innen (JIM 86%), dagegen gibt es 24% mehr, die bereits in der Ausbildung sind, 5% mehr die studieren und 6% die berufstätig sind (die JIM-Studie benannte keine berufstätigen Befragten). LSB-Jugendliche lösen sich früher vom Elternhaus, nehmen Studium, Ausbildung oder Beruf auf, umso auch elternunabhängig ihr Leben finanzieren zu können. Das lässt sich aber nicht direkt mit diesen Zahlen belegen.

[17] TN = Teilnehmer*in(nen)

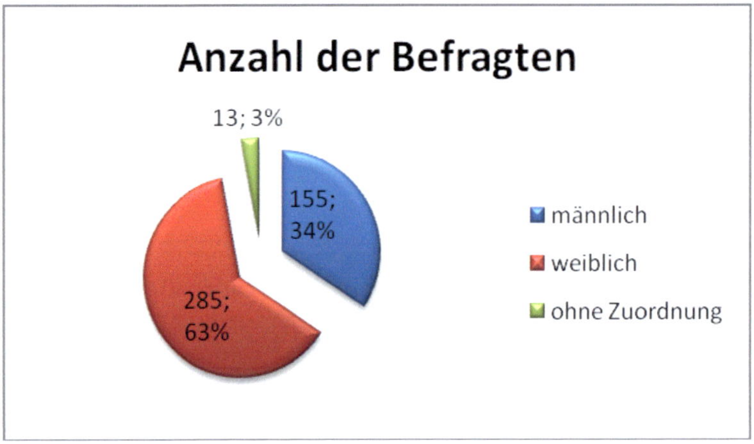

Darstellung der Ergebnisse:

Basis: alle Befragten (LSB-2013), n=453

Abbildung 2 Anzahl der Befragten

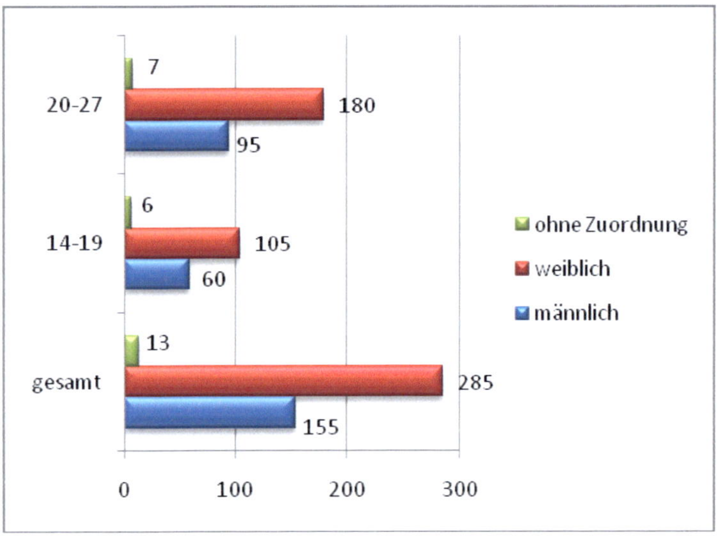

Darstellung der Ergebnisse:

Frage: (F004)

Basis: alle Befragten, n=453

Angabe: Anzahl der Befragten.

Abbildung 3 Altersverteilung

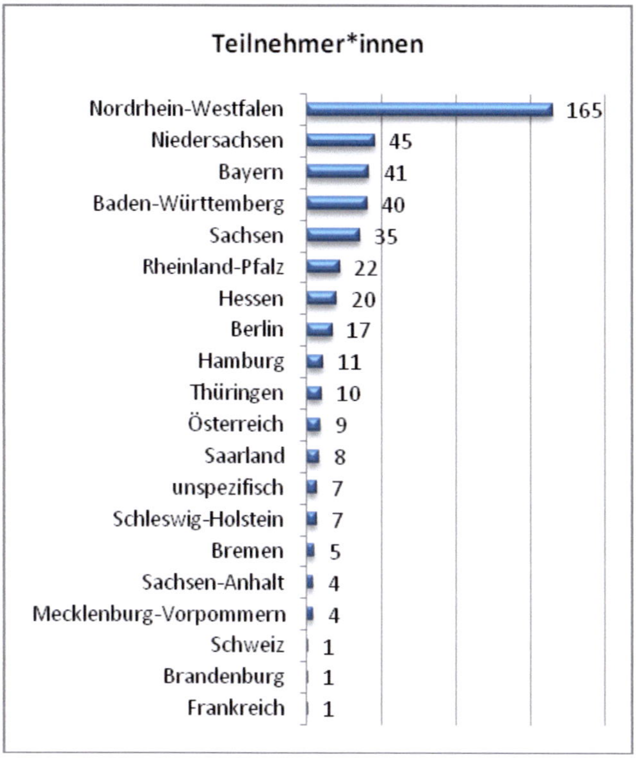

Darstellung der Ergebnisse:

Frage: (F005)

Basis: alle Befragten, n=453

Angabe: Anzahl der Befragten.

Abbildung 4 Herkunft der Befragten

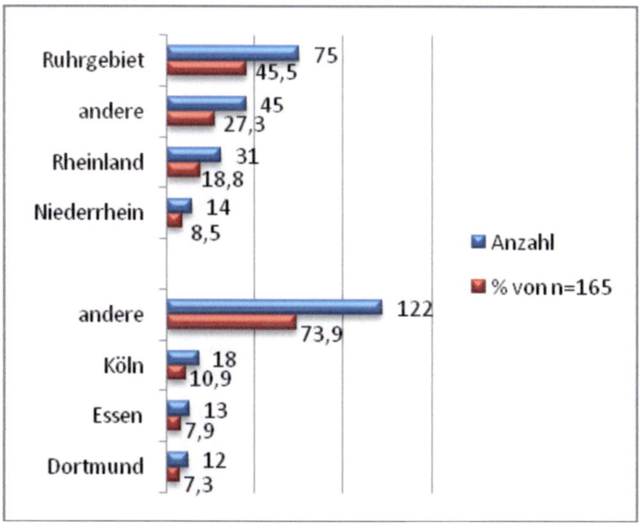

Darstellung der Ergebnisse:

Frage: (F005a)

Basis: Befragte aus NRW, n=165

Abbildung 5 Teilnehmende aus NRW

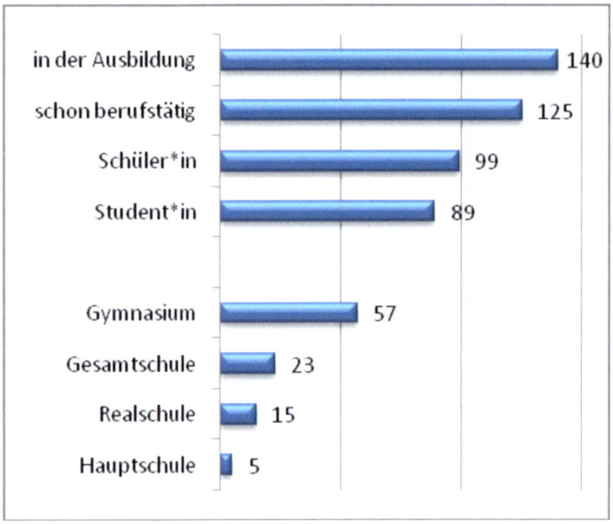

Darstellung der Ergebnisse:

Fragen: (F007 & F008)

Basis: alle Befragten, n=453;

Schüler*innen, n=99

Angabe: Anzahl der Befragten.

Abbildung 6 Ausgeübte Tätigkeit & Schulform

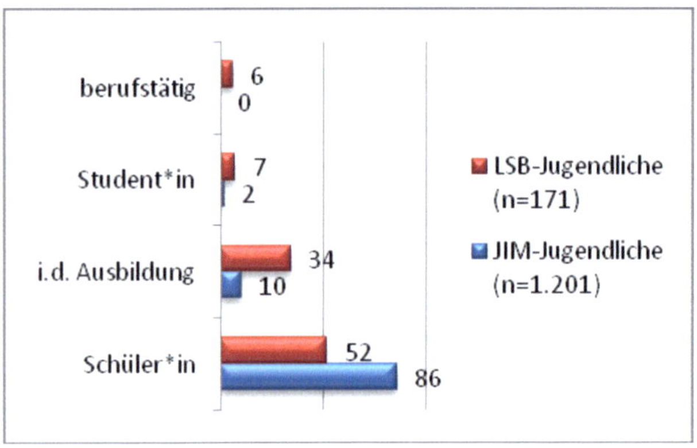

Vergleichende Darstellung der Ergebnisse:

„Ausgeübte Tätigkeit & Schulform“

Fragen: (F007 & F008)

Basis:

JIM-Studie 2012, n=1.201,

aktuelle Befragung: bis 19-Jährige, n=171;

Angaben in Prozent.

Abbildung 7 Ausgeübte Tätigkeit und Schulform

Die neben den Schüler*innen und Student*innen verbliebenen Befragten (n=265) sollten ihren höchsten Bildungsabschluss angeben (F009). Zwei Personen waren ohne Abschluss, 19 hatten bereits ein Studium abgeschlossen, 24 erreichten den Hauptschulabschluss, 95 weitere das Abitur, die restlichen 125 konnten die Fachoberschulreife vorweisen.

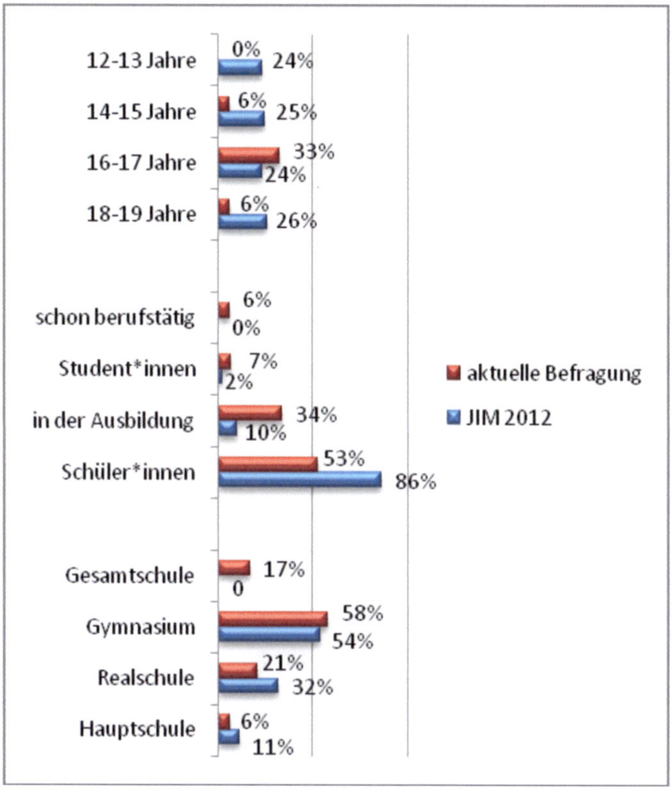

Vergleichende Darstellung der Ergebnisse:

Fragen: (F004, F007 & F008)

Basis:

JIM-Studie 2012 S. 4, alle Befragten, n=1.201;

Aktuelle Befragung, Befragte Jugendliche im Alter von 14-19 Jahren, n=171

Abbildung 8 Altersverteilung, besuchte Schulformen, Ausbildung

Im Folgenden werden die weiteren Ergebnisse des ersten Fragenblocks dargestellt, die sich mit den Hintergrundinformationen zu der befragten Zielgruppe befassen und nicht im direkten Zusammenhang mit der JIM-Studie 2012 stehen.
Vergleicht man die Zahlen einer von der TU Braunschweig durchgeführten Studie[18], bei der sich 37,5% der Befragten (n=720) bereits im Alter von 13 bis 15 Jahren über ihre gleichgeschlechtliche Orientierung bewusst waren (vgl. Watzlawik 2009b, S. 83), mit den hier erhobenen Zahlen zum Bewusstwerden gleichgeschlechtlicher Orientierung, so stellt sich die Frage, ob sich die Jugendlichen heute bereits früher mit ihrer sexuelle Orientierung beschäftigen. Es gaben 54% (n=453) der LSB-Jugendlichen an, sich in dem Alter von 12-15 Jahren bereits das erste Mal Gedanken zur Homosexualität gemacht zu haben. Zwar lassen sich diese beiden Studien nicht eins zu eins miteinander vergleichen, da zum einen die von Watzlawick zitierte

[18] Da die Ergebnisse im Jahr 2006 von der TU Braunschweig an Meike Watzlawik zur Verfügung gestellt wurden, wird im Folgenden die Jahresangabe 2006 für diese Ergebnisse verwendet.

Studie benennt, dass sich die Jugendlichen (hier vor allem nur männliche) über ihre Veranlagung bewusst sind und nicht den Zeitpunkt darstellt, wann sie dies das erste Mal reflektieren, zum anderen ist die Altersgruppierung etwas anders gestaltet (vgl. Watzlawick: 13-15; hier 12-15). Dennoch sind in den prozentualen Angaben Unterschiede zu erkennen. So waren 2006 insgesamt 11,6% der Befragten zwischen 21 und 24 Jahre alt, heute sind es nur 5% der Befragten die im Alter von 20 bis 25 Jahren sich zum ersten Mal Gedanken zu dieser Thematik machen.
Anhand einer 1999 durchgeführten Studie (vgl. Senatsverwaltung für Schule 1999, S. 21) soll nun ebenfalls betrachtet werden, ob der Trend zu einem früheren Beginn der thematischen Auseinandersetzung erkennbar ist.

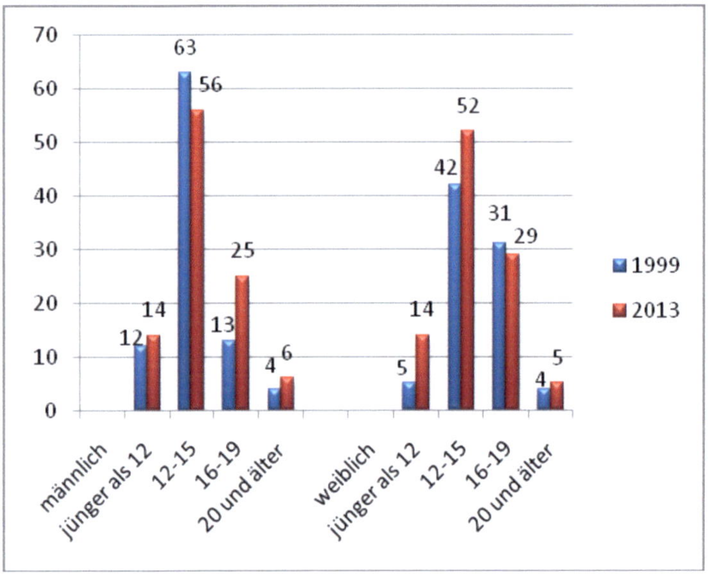

Abbildung 9 Beginn des inneren Coming-Out

Vergleichende Darstellung:

Frage: (F004a)

Basis:

Studie zur psychosozialen Situation […] 1999, alle auswertbaren Ergebnisse, männlich n=111, weiblich n=106;

Aktuelle Befragung, Befragte die sich dem einen oder anderen Geschlecht zugeordnet haben, männlich n=155, weiblich n=285.

Angaben in Prozent.

Bei den Jungen sind in den Altersgruppen jünger als 12 Jahre bereits 2% und 16-19 Jahre 12% mehr, bei den Mädchen in den Altersgruppen jünger als 12 Jahre 9% und 12-15 Jahre 10%, die früher in den Prozess der Bewusstwerdung ihrer gleichgeschlechtlichen Orientierung eintreten. In der Altersgruppe 12-15 bei den Jungen sowie 16-19 bei den Mädchen gab es im Jahr 1999 jeweils mehr Jugendliche, die sich eher mit dieser Thematik beschäftigten, ebenfalls gibt es in der Gruppe 20 und älter sowohl bei den Jungen als auch bei den Mädchen im Jahr 2013 einen leichten Zuwachs derer, die erst später das innere Coming-Out erleben.

Eine andere Zusammenfassung der Altersgruppen zeigt auf, im Jahr 1999 haben sich 75% und 2013 70% der Jungen sowie 1999 47% und 2013 66% der Mädchen im Alter bis 15 Jahren das erste Mal Gedanken zu dieser Thematik gemacht. Im Alter bis 19 Jahren waren es 1999 88% der Jungen und 78% der Mädchen, 2013 95% sowohl bei den Jungen als auch bei den Mädchen.
Fasst man die Altersgruppen älter als 16 zusammen, so zeigt sich, dass es bei den Jungen deutlich mehr sind, die sich erst in diesem Alter mit Homosexualität beschäftigen, bei den Mädchen ist dieser Wert fast gleich.
Die Frage ob sich die LSB-Jugendlichen in der heutigen Zeit früher mit diesem Thema auseinandersetzen, kann nicht eindeutig beantwortet werden. Bei den Mädchen sind es erkennbar mehr, die sich im Alter bis 19 Jahren Gedanken zu ihrer sexuellen Orientierung machen als es noch 1999 der Fall war. Bei den Jungen sind es weniger im Alter bis 15 Jahren, tendenziell mehr im Alter bis 19 Jahren. Jedoch ist bei den Jungen eine deutliche Altersverschiebung sichtbar, wenn man diejenigen die älter als 16 sind betrachtet. Eindeutige Ergebnisse wären insofern interessant gewesen, um einen Bedarf an alterszielgruppenspezifischen Angeboten für LSB-Jugendliche im Internet zu begründen. Dennoch kann es interessant sein, in den folgenden Jahren diesen Trend weiter zu verfolgen oder mit zum Vergleich besser geeigneten Methoden zu erforschen.

	Jungen			Mädchen			
	bis 15J	bis 19J	>16	bis 15J	bis 19J	>16	
1999	75	88	17	47	78	35	Vergleichende Darstellung:
2013	70	95	31	66	95	34	„Beginn des inneren Coming-Out"

Abbildung 10 Beginn des inneren Coming-Out 1999 & 2013

Das Coming-Out stellt einen sehr wichtigen Aspekt für die Jugendlichen dar. Dies ist an den Ergebnissen zur Frage „Bist du geoutet“ (F001) erkennbar. In den Bereichen Familie (39%), Schule / Ausbildung / Beruf (32%), Freundeskreis & Clique (74%), in Vereinen oder Parteien (34%) und anderswo (35%) ist jeweils die größte Anzahl der befragten Jugendlichen vollständig geoutet. Das Outing im Freundeskreis steht mit großem Abstand an vorderster Stelle, gefolgt von der Familie, anderswo (nicht näher definiert), Vereinen. Outing am Arbeitsplatz steht (wenn auch nur mit kleinem Abstand) an letzter Stelle. Fasst man die Ergebnisse »vollständig« und »überwiegend geoutet« zusammen, so sind 91% im Freundeskreis, 69% in der Familie und 63% in der Schule, der Ausbildungsstelle oder am Arbeitsplatz geoutet. Die Wichtigkeit in einzelnen sozialen Umfeldern geoutet zu sein, spiegelt sich auch in den Ergebnissen der Frage wider „Hast oder hattest Du das Gefühl, dass es besser ist Deine Homosexualität ganz oder teilweise zu verbergen?“ (F002). Eindeutig wird diese Frage im Zusammenhang von Freundeskreis / Clique mit 93% und Eltern / Geschwister & Großeltern mit 63% verneint. Bejaht wird diese Frage dagegen mit 50% (bei 46% Nein-Stimmen) im Kontext von Schule / Ausbildung / Beruf. Auffällig ist im Zusammenhang dieser beiden Fragen, dass der Wunsch bzw. der Anspruch geoutet zu sein und die Homosexualität nicht zu verbergen zu müssen, nicht in gleicher Konsequenz im Coming out umgesetzt wird. So sagen 93% es wäre besser, die Homosexualität im Freundeskreis nicht verbergen zu müssen, jedoch sind nur 74% vollständig geoutet. Ein Unterschied von 19 Prozentpunkten. Bei der Familie liegt ein solcher Unterschied von sogar 24 Prozentpunkten vor.

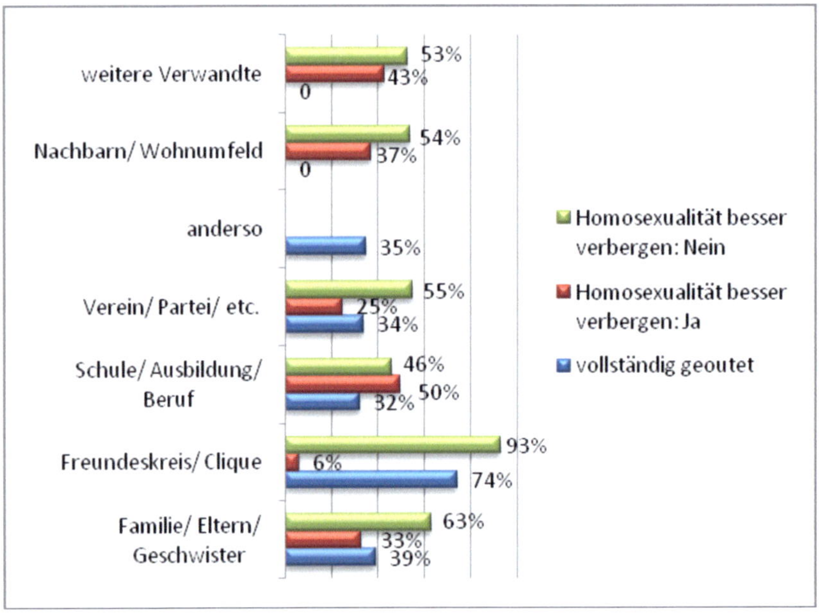

Darstellung der Ergebnisse:

Fragen: (F001 & F002)

Basis: Aktuelle Befragung, alle Befragten, n=453

Abbildung 11 Geoutete Jugendliche & Einstellung zu „Homosexualität besser verbergen“

Die Interessen in der lesbischen / schwulen Welt liegen bei den Jugendlichen an erster Stelle im Kennenlernen von Freunden und Bekannten, an zweiter Stelle im Bereich von Austausch und Gesprächen und an dritter Stelle im Aufbau einer Partnerschaft. Bei einem Vergleich zwischen den Ergebnissen der männlichen und weiblichen Befragten unterscheiden sich diese in der Reihenfolge nicht. Die aufgelisteten Interessen stimmen mit den im Kapitel zwei thematisierten Aussagen überein, dass es besonders wichtig für junge Lesben und Schwule ist, Freunde zu finden und nicht alleine zu sein. Immer wieder werden einzelne Ergebnisse dieser Untersuchung auf diese Tatsache zurückzuführen sein.

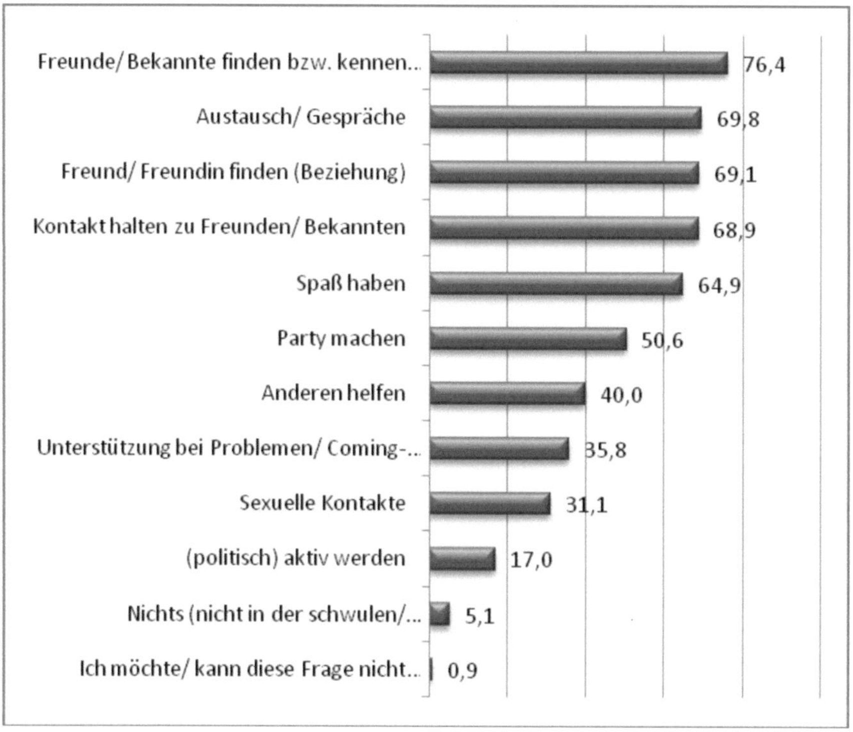

Darstellung der Ergebnisse:

Frage: (F003)

Basis: Aktuelle Befragung, alle Befragten, n=453

Angaben in Prozent, Mehrfachnennungen möglich

Abbildung 12 Interesse der Jugendlichen in der schwul-lesbischen Welt

Einigen Jugendlichen fällt es schwer, sich sowohl im Geschlecht als auch in der sexuellen Orientierung einzuordnen und festzulegen. Um geschlechterspezifische Unterscheidungsmerkmale zu bekommen und die Ergebnisse mit anderen Studien (die mit den Kategorien Mann / Frau differenzieren) vergleichen zu können, war es erforderlich nach dem (empfundenen) Geschlecht zu fragen. Bei F006 konnten die Befragten sich dem Geschlecht »männlich«, »weiblich«, »trans*« und in einer fünfstufigen Skala den sexuellen Orientierungen »homo«, »eher homo«, »bi«, »eher hetero« sowie »hetero« zuordnen. Um nicht einen Zwang aufzubauen sich zuordnen zu müssen, war diese Position keine Pflichtfrage.

Betrachtet man die Gesamtauswertung hierzu, so ergeben die einzelnen Angaben jeweils mehr als die Anzahl der befragten Personen. Erst durch das Ein- bzw. Ausblenden bestimmter Ergebnisse mit Hilfe von Filterfunktionen erkennt man, worin dieses begründet ist. Insgesamt 13 Personen haben sich der Kategorie Trans* zugeordnet und definierten ihr Geschlecht und ihre sexuelle Orientierung durch zusätzliche Angaben. Dementsprechend ergibt sich bei den Ergebnissen, sowohl bei den männlichen als auch bei den weiblichen Befragten, eine größere Zahl als sie der jeweiligen Anzahl der Beteiligten entspricht. So hat zum Beispiel (s. Abb.11) eine Person das männliche Geschlecht, fühlt und empfindet weiblich und möchte das weibliche Geschlecht haben. Dementsprechend bezeichnet sich diese Person als Trans*. Da sie sich zu Männern hingezogen fühlt, ist ihre aktuelle Orientierung im Körper eines Mannes, homosexuell zu sein. Nach Angleichung in einen weiblichen Körper, würde dann wieder eine heterosexuelle Veranlagung vorliegen. Oder ein Mann, der sich als Frau fühlt und sich auch zu Frauen hingezogen fühlt: Aktuelles Geschlecht und Orientierung sind männlich, hetero, mit Trans*-Hintergrund. Nach Angleichung wäre diese Person dann homosexuell veranlagt. Jedoch sind nicht alle gemachten Angaben so schlüssig nachvollziehbar, deshalb muss davon ausgegangen werden, dass einzelne Befragte keine eindeutige Zuordnung treffen konnten/wollten. Im weiteren Verlauf der Auswertung werden wenn es keine geschlechterspezifische Darstellung gibt die gesamten Ergebnisse betrachtet (n=453), ist eine geschlechterspezifische Darstellung erforderlich, werden nur die Ergebnisse ausgewertet, bei denen eine eindeutige Zuordnung zum männlichen oder weiblichen Geschlecht erfolgt ist (n=440).

	männlich	weiblich	trans*
1	homo		hetero
2		bi	hetero
3	hetero	homo	homo

Beispielhafte Darstellung der Ergebnisse:

Frage: (F006)

Abbildung 13 Beispiel von Zuordnung zu Geschlecht und sexueller Orientierung bei Trans*Personen

Die Ergebnisse der F006 lassen sich wie folgt zusammenfassen: An der Befragung hatten 285 weibliche, 155 männliche und 13 trans*-Personen teilgenommen. Von den Mädchen / Frauen haben sich 161 bei homo-, 53 bei eher homosexuell, 64 bei bisexuell und weitere 8 bei eher heterosexuellzugeordnet. Von den Jungen / Männern haben sich 68 bei homo-, 63 bei eher homosexuell, 14 bei bisexuell und weitere 8 bei eher heterosexuellverortet. Bei beiden Geschlechtern hat niemand seine sexuelle Orientierung als eindeutig heterosexuell eingestuft. Die Ergebnisse lassen sich dahingehend interpretieren, dass es den männlichen Befragten deutlich schwieriger fällt sich einer bestimmten Kategorie der sexuellen Orientierung festzulegen, als den weiblichen. So sind prozentual mehr Frauen als homo-, bzw. bisexuelleingeordnet, und deutlich weniger bei den Zwischenstufen eher homo-, bzw. eher heterosexuell. Insgesamt schätzen mehr Frauen ihre sexuelle Orientierung als bisexuell ein als die Männer. Fasst man die Stufen homo- und eher homosexuell zusammen, so ordnen sich 84,5% der Männer und 75,1% der Frauen diesen Kategorien und somit der homosexuellen Orientierung zu.

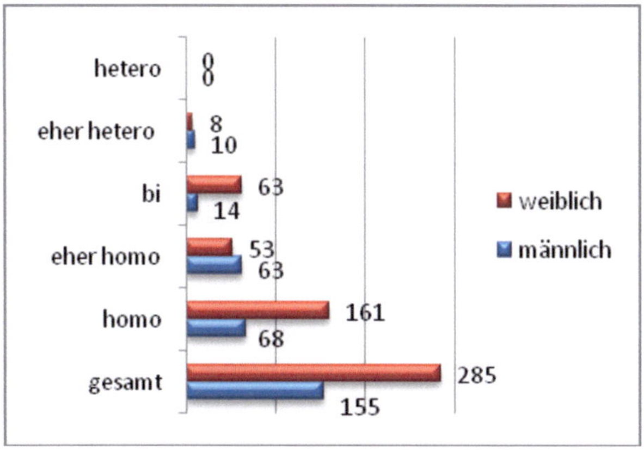

Darstellung der Ergebnisse:

Frage: (F006)

Basis: Aktuelle Befragung, alle Befragten die sich entweder dem männlichen oder dem weiblichen Geschlecht zugeordnet haben, n=440

Die Angaben entsprechen der jeweiligen Anzahl.

Abbildung 14 Geschlecht und sexuelle Orientierung

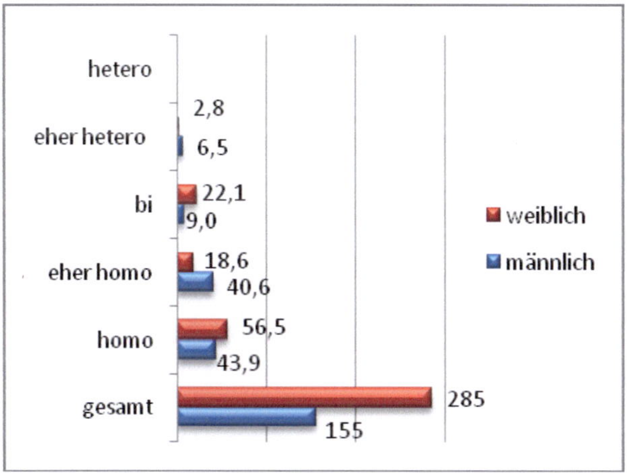

Darstellung der Ergebnisse:

Frage: (F006)

Basis: Aktuelle Befragung, alle Befragten die sich entweder dem männlichen oder dem weiblichen Geschlecht zugeordnet haben, n=440

Angaben in Prozent zu n=155 (männlich) und n=285 (weiblich).

Abbildung 15 Geschlecht und sexuelle Orientierung (Prozentangaben)

6.2 Fragenblock 2: Medienausstattung

Die in der JIM-Studie 2012 thematisierte Konvergenz, (vgl. Medienpädagogischer Forschungsverbund Südwest 2012, S. 6) also das Zusammenwachsen verschiedener Geräte und Funktionen, aber auch die technischen Weiterentwicklungen verändern den Umgang mit den Medien, aber auch den Besitz dieser. Hatte man früher einen Fernseher, einen Video- oder DVD Player, ein Radio und einen Computer, so ist es heutzutage möglich, dass die mit früher einzelnen Geräten abgerufenen Inhalte nun mit nur einem Gerät genutzt und abgerufen werden können. Zum Beispiel kann ein Smartphone sowohl TV Sendungen im Web abrufen, gespeicherte Videos wiedergeben, verschiedene Radiosender empfangen und zum Bildermachen oder -bearbeiten genutzt werden. Herkömmliche Geräte werden tendenziell überflüssig. Hatte man früher eine Digitalkamera, so reicht vielen heute oftmals die Handykamera aus.
Die Ergebnisse von F010 (Geräteausstattung im Haushalt) weisen nur geringfügige Unterschiede auf und liegen in fast allen Bereichen wenige Prozentpunkte unter den Ergebnissender JIM-Studie 2012. Die zu diesem Kapitel einleitende Darstellung von Unterschieden in beiden Stichproben beinhaltet verschiedene Interpretationsmöglichkeiten. Da die festgestellten Differenzen nur sehr gering ausfallen, wird ihnen für die Beantwortung der hier verfolgten Fragestellung keine weitere Bedeutung zugesprochen, so dass diese Ergebnisse nicht alle weiter interpretiert werden. Auffällig ist der um 20% größere Anteil im Bereich des Besitzes von Smartphones, dieses kann ebenfalls im Wandel der Zeit und dem Voranschreiten der Technik begründet sein, folglich sich 2013 in allen Haushalten der Trend zum Smartphone hin entwickelt und somit dort mehr diese Geräte vorhanden sind als noch im Vorjahr. Die Ergebnisse der JIM-Studie 2012 stellten ebenfalls einen Zuwachs von 20 Prozentpunkten im Vergleich zur Vorjahresbefragung im Bereich des Besitzes von Smartphones dar (vgl. Medienpädagogischer Forschungsverbund Südwest 2012, S. 6). Der ebenfalls starke Rückgang von über 30% im Bereich der Handys spricht ebenfalls dafür. Abbildung 17 stellt einen großen Anteil der Befragten heraus (vor allem mehr Jugendliche als in der JIM-Studie), der bereits in einer eigenen Wohnung lebt. Auch dieses könnte eine Begründung für die Zunahmen von Smartphones in den Haushalten sein. Generell kann man vermuten, dass Jugendliche unter 18 Jahren von ihren Eltern nur selten die Erlaubnis und Zustimmung zu einem Smartphone-Vertrag bekommen. Sobald sie volljährig sind, können sie dann frei darüber entscheiden und selbst für sich solche Verträge abschließen. Zusammenfassend lassen sich aber ein deutlicher Zuwachs und damit eine gestiegene Bedeutung im Besitz dieser Geräte feststellen.

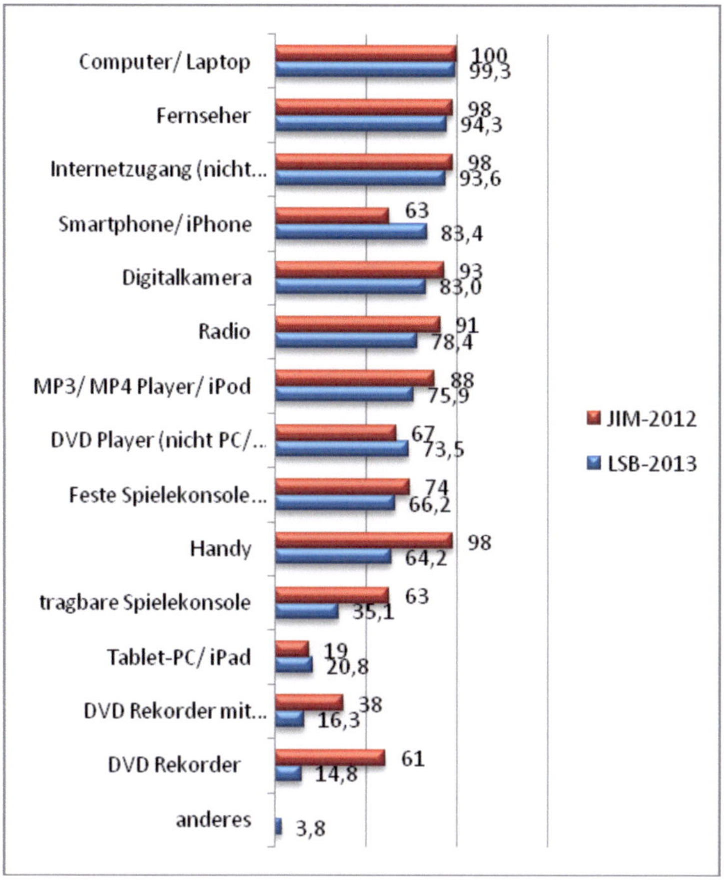

Vergleichende Darstellung der Ergebnisse:

Frage: (F010)

Basis:

JIM-Studie 2012, S. 6, alle Befragten, n=1.201

Aktuelle Befragung, alle Befragten, n=453

Angaben in Prozent.

Abbildung 16 (oben) Medienausstattung im Haushalt

Abbildung 17 (unten) Wohnsituation

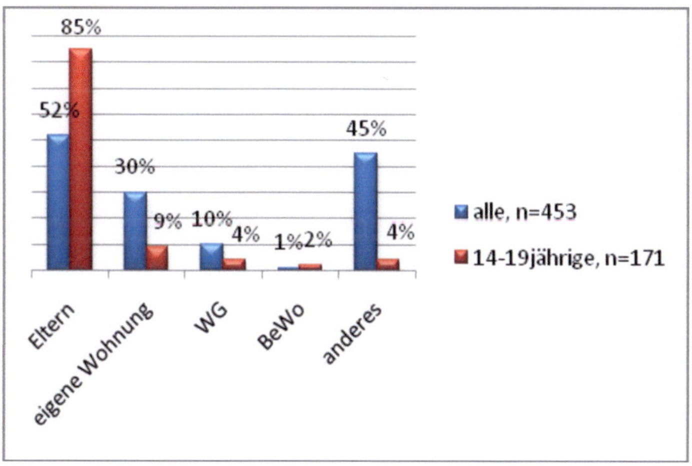

Darstellung der Ergebnisse:

Frage: (F011)

Basis:

Aktuelle Befragung,

alle Befragten, n=453,

alle 14-19-Jährigen, n=171

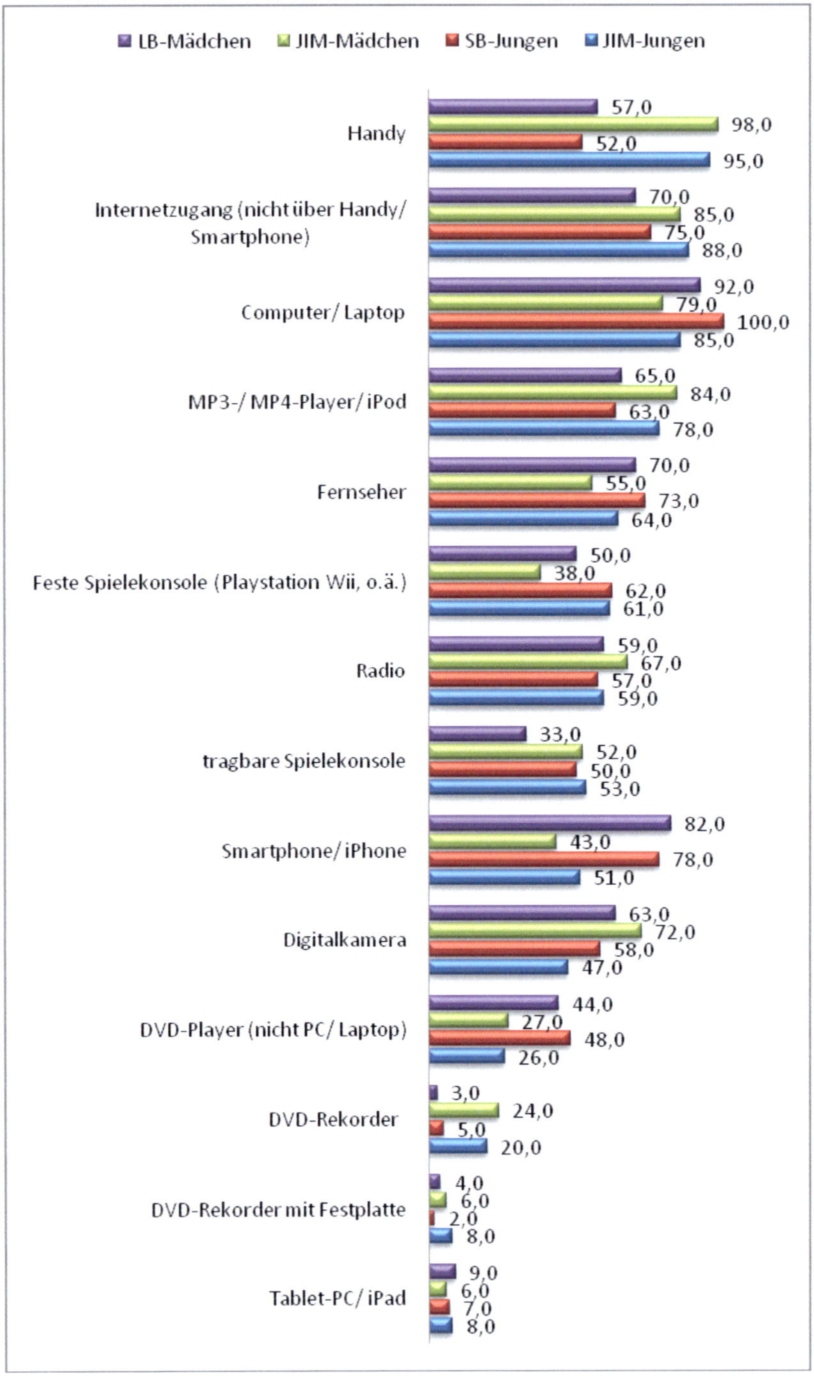

Vergleichende Darstellung der Ergebnisse:

Frage: (F013)

Basis:

JIM-Studie 2012, S.8, n=1.201.

Aktuelle Befragung,

alle 14-19-Jährigen, männlich,n=60,

alle 14-19-Jährigen, weiblich, n=105.

Angaben in Prozent.

Abbildung 18 Gerätebesitz LSB-Jugendlicher

Auch bei dem Zugang zu weiteren Medien über ein Abonnement einer Tageszeitung (JIM 59% zu 36%) oder einer Zeitschrift (JIM 43% zu 24%) liegen die hier gewonnenen Ergebnisse unter denen der JIM-Studie. Bei beiden Studien besitzen 20% einen Zugang zu Abo-Fernsehdiensten wie zum Beispiel Sky (vgl. Medienpädagogischer Forschungsverbund Südwest S.7 sowie Ergebnisse zu F012). Auch hier lässt sich vermuten, dass Jugendliche die nicht mehr im Elternhaus leben, dementsprechend nicht mehr auf die durch die Eltern-Abonnements zur Verfügung stehenden Medien zugreifen können. Je mehr Jugendliche eine eigene Wohnung haben, bzw. nicht mehr bei ihren Eltern leben, desto weniger sind die herkömmlichen Medien in ihren Haushalten vertreten.
Um die Lebenssituation aller Befragten besser darstellen zu können, wurde mit F011 gefragt, wie und bei wem die Jugendlichen leben, so eine Unterscheidung ist in der JIM-Studie 2012 nicht gemacht worden. Es ist davon auszugehen, dass alle in der JIM-Studie befragten Jugendlichen noch im Elternhaus leben. Von allen Befragten, so zeigen die Ergebnisse, lebt nur noch fast die Hälfte (52%) bei den Eltern, in der Altersgruppe der bis 19-Jährigen wohnen bereits 15% nicht mehr dort. 9% von diesen haben dann eine eigene Wohnung, weitere 4% wohnen in einer WG. Aufgrund von Mehrfachnennungen ergeben die prozentualen Anteile insgesamt mehr als 100%.
Die Grundausstattung der Haushalte von Hetero- und LSB-Jugendlichen unterscheidet sich nicht signifikant. Beim privaten Besitz beider unterschiedlicher Zielgruppen ist zum einen der gleiche Trend festzustellen, dass die Ergebnisse der aktuellen Befragung etwas unter denen der JIM-Studie 2012 liegen, zum anderen gibt es auffällige Unterschiede in den Bereichen Medien zur Internetnutzung (Computer / Laptop und Smartphone) und Medien zur Freizeitgestaltung (Fernseher, DVD Player und feste Spielekonsole).Deutlich mehr der LSB-Jugendlichen besitzen einen Computer bzw. einen Laptop und es sind ebenfalls auch viele mehr die ein Smartphone besitzen. Der große Unterschied beim Besitz eines Smartphones ließe sich ebenfalls wie bei den Ergebnissen zu F010 (Geräteausstattung der Haushalte) als ein Gehen mit der Zeit erklären. Dennoch kann hier und auch bei den Computern und Laptops ein Zusammenhang zu einem mit dem Coming-Out verbundenen Mehrbedarf an Informationen vermutet werden, was ein damit verbundenes größeres Interesse an der Nutzung von digitale Medien und dem Internet diesen Mehrbesitz begründet.
Im Bereich der Medien zur Freizeitgestaltung besitzen sowohl mehr Mädchen als auch mehr Jungen Fernsehgeräte, DVD Player und feste Spielekonsolen. Dieser Unterschied gegenüber den Jugendlichen der JIM-Studie 2012 kann ein Hinweis auf eine andere Mediennutzung zur Freizeitgestaltung sein, der darin wurzelt, dass sich LSB-Jugendliche zurückziehen und sich dann eher alleine als mit anderen Jugendlichen beschäftigen.

Weniger LSB-Jugendliche besitzen einen MP3-Player (o.ä.); es kann aber nicht von einem geringeren Musikkonsum ausgegangen werden, da sie dies wahrscheinlich über das Smartphone tun. Dazu können im späteren Verlauf die Ergebnisse zu den auf dem Handy genutzten Funktionen eine ergänzende Aussage liefern.

6.3 Fragenblock 3: Freizeitaktivitäten

Während die JIM-Studie 2012 einen bedeutenden Stellenwert non-medialer Freizeitaktivitäten mit Familie oder Freunden im Alltag der Jugendlichen feststellt, (vgl. Medienpädagogischer Forschungsverbund Südwest 2012, S. 9) bestätigen die Ergebnisse der aktuellen Befragung die in Kapitel zwei formulierten Vermutungen: Jugendliche mit homosexueller Orientierung ziehen sich in die Isolation zurück und grenzen sich von der Familie und einem heteronormativen Umfeld ab. Die Vermutung, dass sich Jugendliche im Prozess ihres Coming-Out sowohl zum Freundeskreis als auch zur Familie distanzierter verhalten, wird in den Ergebnissen von F014 (Non-mediale Freizeitaktivitäten) eindeutig bestätigt. So treffen sich deutlich weniger der LSB-Jugendlichen (Altersgruppe der bis 19-Jährigen) regelmäßig mit Freunden, (10% weniger bei den Mädchen und 14% weniger bei den Jungen) und ebenfalls sind die Familienunternehmungen bei den LSB-Jugendlichen erkennbar seltener (um 19% bei den Mädchen und 18% bei den Jungen), als bei den Jugendlichen, die in der JIM-Studie befragt wurden. Weiterhin ist zu erkennen, dass die Freizeitaktivitäten, die alleine und nicht mit anderen Leuten zusammen gestaltet werden können, bei den LSB-Jugendlichen beliebter sind. So malen und basteln 12% der hier befragten Jungen mehr als es die JIM-Jungen tun und weitere 7% mehr machen selber Musik. In diesen beiden Kategorien gibt es einen erkennbaren Geschlechterunterschied zwischen den Jungen und den Mädchen der aktuellen Befragung, da die Mädchen diese beiden Tätigkeiten seltener ausführen als die JIM-Mädchen. Begründungen auf den Geschlechterunterschied werden innerhalb dieses Buches nicht weiter diskutiert.
Die aktuelle Befragung untersuchte auch die Freizeitaktivität »chillen«, welche in der JIM-Studie 2012 nicht explizit abgefragt wurde. 81% der Mädchen und 77% der Jungen gaben an, täglich oder mehrmals in der Woche zu chillen, welches damit auch zur am häufigsten ausgeführten Freizeitgestaltung gehört.
Bei den Kategorien Disco und Partys liegen die aktuellen Ergebnisse über denen der JIM-Ergebnisse. Hier ist zu vermuten, dass sich die Angaben auf Partys und Disco-Veranstaltungen für Schwule und Lesben bezieht und die befragten Jugendlichen hier unter Gleichgesinnten lieber und häufiger feiern als es die JIM-Jugendlichen dieser Altersgruppe tun.

Die letzte große Auffälligkeit bezieht sich auf den Bereich Sport. Zwar steht diese Art der Freizeitgestaltung an dritter Stelle bei den Jungen und an vierter Stelle bei den Mädchen, dennoch ist hier die größte Abweichung in den Ergebnissen zur JIM-Studie 2012 festzustellen. Bei den SB-Jungen[19] sind es 35%, die angeben regelmäßig Sport zu treiben, das sind 43% weniger als bei den JIM-Jungen. Bei den LB-Mädchen[20] sind es 23% die dieser Freizeitbeschäftigung weniger nachgehen, als es die JIM-Mädchen tun. Gerade im Sport (Schul- oder Mannschaftssport) erleben vor allem schwule Jugendliche häufig Abwertung und Ausgrenzung durch Gleichaltrige. Hinzu kommt die Angst entdeckt zu werden. Sowohl ein »nicht so sportlich und gut zu sein« aber auch das beim Beobachten anderer Jungen entdeckt zu werden und damit als Schwuler aufzufallen, führt zu einer Ablehnung und Vermeidung vom Sportunterricht und sportlichen Aktivitäten. Darin kann der deutliche Unterschied zu den Ergebnisse der JIM-Studie mitbegründet sein, ebenfalls aber auch der Trend, lieber alleine und nicht mit anderen gemeinsam die Freizeit zu gestalten.
Die Ergebnisse zu der non-medialen Freizeitgestaltung spiegeln sich in den Angaben zu der Zugehörigkeit zu Vereinen und Gruppen (F015) wider. In der Altersgruppe der bis 19-Jährigen gibt es keinen Unterschied in der Angabe zur Zugehörigkeit zu einer Gruppe oder Clique, die sich regelmäßig trifft; hier fühlen sich in beiden Befragungen 57% zugehörig. Dieser Wert sinkt in der Altersgruppe der bis 27-Jährigen auf 53%. Den bereits beschriebenen Sachverhalt, dass LSB-Jugendliche sich deutlich weniger sportlich betätigen, erkennt man ebenfalls an den Angaben, nachdem sich 31% dieser weniger einem Sportverein zugehörig fühlen. Auch diese Zahl sinkt noch einmal mit steigendem Alter. Bei Initiativen die sich für Soziales oder für die Umwelt einsetzen, aber auch bei der Zugehörigkeit zu Parteien, liegen die Ergebnisse der LSB-Jugendlichen nur geringfügig über den Angaben der JIM-Studie 2012. Jugendliche mit homosexueller Orientierung engagieren sich vermutlich eher sozial und politisch, um ggf. aus einer selbsterlebten Benachteiligung heraus, etwas bewegen oder verändern zu wollen. Oder weil sie in diesen Gruppen eher von einer Offenheit gegenüber gleichgeschlechtlicher Orientierung ausgehen. Aufgrund der geringen Unterschiede werden diese Punkte nicht weiter diskutiert. Die Gruppen und Vereine, bei denen eine starke Ausprägung heteronormativer Sozialstrukturen zu vermuten ist, wie zum Beispiel Heimat- und Gesangsvereine, Chöre aber auch Sportvereine weisen eine deutlich geringere Zugehörigkeit von LSB-Jugendlichen auf. Mit 29% bei den bis 19-Jährigen und mit 34% bei den bis 27-Jährigen, geben die LSB-Jugendlichen an, in anderen (nicht näher definierten) und von den benannten Aufzählungen abweichenden Gruppen und Vereinen zugehörig zu sein.

[19] Die Abkürzung SB steht für schwul und bisexuell.
[20] Die Abkürzung LB steht für lesbisch und bisexuell.

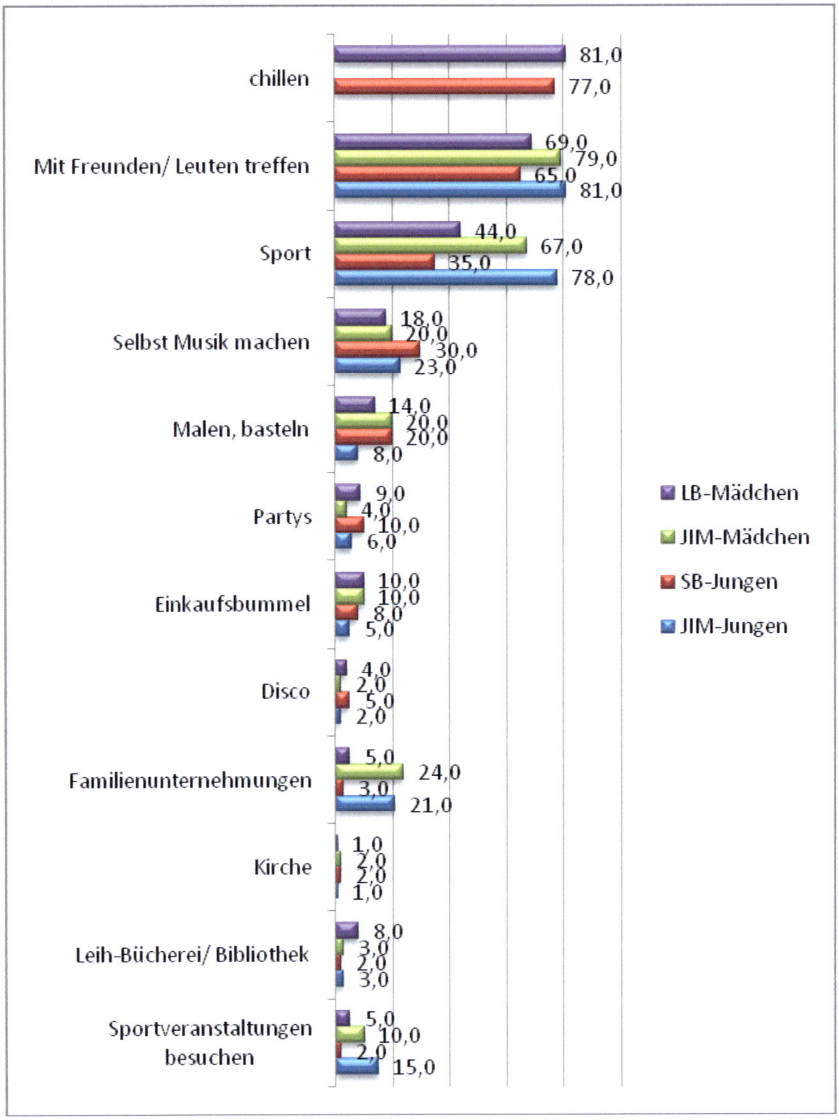

Vergleichende Darstellung der Ergebnisse:

Frage: (F014)

Basis:

JIM-Studie 2012, S.9, n=1.201.

Aktuelle Befragung,

alle 14-19-Jährigen, männlich,n=60,

alle 14-19-Jährigen, weiblich, n=105.

Angaben in Prozent.

Abbildung 19 non-mediale Freizeitaktivitäten

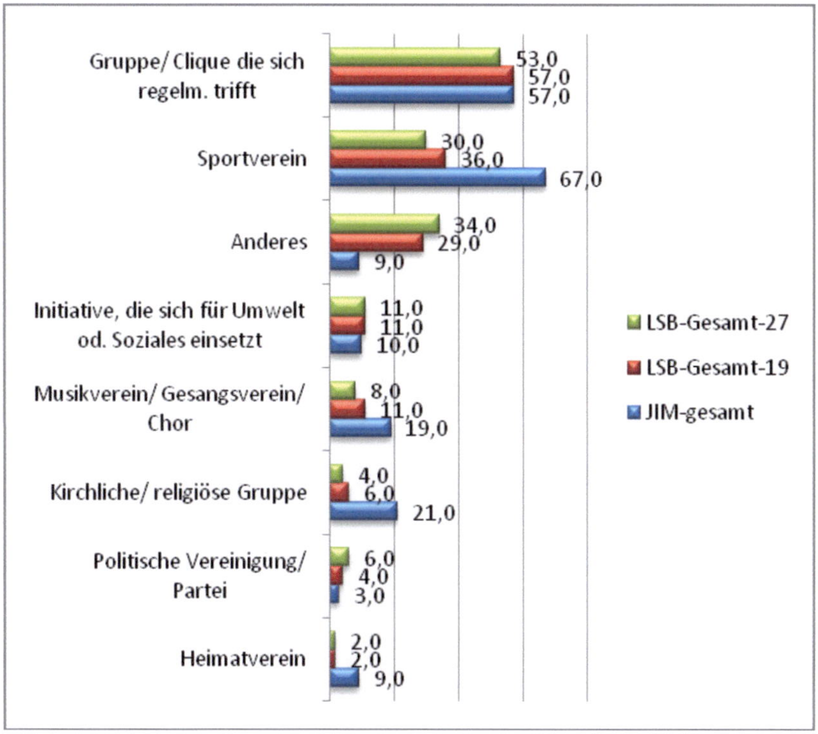

Vergleichende Darstellung der Ergebnisse:

Frage: (F015)

Basis:

JIM-Studie 2012, S.10, n=1.201.

Aktuelle Befragung,

alle 14-19-Jährigen,n=171,

alle Befragten, n=453.

Angaben in Prozent.

Abbildung 20 Zugehörigkeit zu Vereinen und Gruppen

Analog zu den Ergebnissen zur Medienausstattung zeigt die Auswertung zur Frage „Wie sieht Deine Medienbeschäftigung in deiner Freizeit aus?“ (F016), dass das Internet allgegenwärtig und absolut dominierend in der medialen Freizeitgestaltung der LSB-Jugendlichen ist. Alle Befragten in der Altersgruppe der bis 19-Jährigen gaben an, mindestens mehrmals pro Woche, wenn nicht sogar täglich das Internet zu nutzen. Das Handy steht auf Platz zwei und wird von 91,8% der Jugendlichen in dieser Altersgruppe täglich oder mehrmals pro Woche genutzt. Die Medienbeschäftigung mit Internet, Handy sowie E-Books und Kino sind die einzigen Bereiche, in denen die LSB-Jugendlichen eine höhere Nutzung aufweisen, als die in der JIM-Studie 2012 befragten Jugendlichen. Jedoch sind die Besuche vom Kino sowie das Lesen von E-Books generell von so geringem Umfang, dass diese Ergebnisse nicht dargestellt und auch nicht weitergehend interpretiert werden. In allen anderen Bereichen, liegt die Nutzung der abgefragten Medien bei den LSB-Jugendlichen (großteils sogar deutlich) unter der Nutzungsfrequenz der JIM-Jugendlichen. Das Internet und seine Nutzung hat in der hier befragten Zielgruppe einen sehr großen Stellenwert und andere Medien werden auffällig weniger genutzt. Die Informationsrecherche im

Prozess des Coming-Out, aber auch die Suche nach anderen Gleichgesinnten sind vermutlich Gründe für diese starke Ausprägung der Internetnutzung. Die weiteren Ergebnisse werden auf diese Vermutung hin diskutiert und zu einer Klärung beitragen.

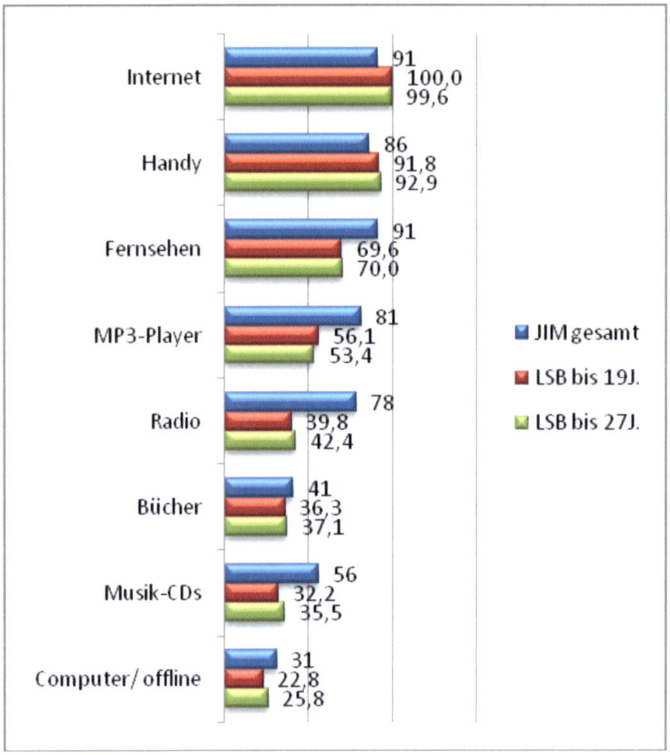

Vergleichende Darstellung der Ergebnisse:

Frage: (F016)

Basis:

JIM-Studie 2012, S.12ff, n=1.201.

Aktuelle Befragung,

alle 14-19-Jährigen, n=171,

alle Befragten, n=453.

Angaben in Prozent.

Abbildung 21 Medienbeschäftigung in der Freizeit

6.4 Fragenblock 4: Wichtigkeit und Glaubwürdigkeit der Medien

Bei der subjektiven Bewertung bestimmter Medien ergibt sich bei den befragten Jugendlichen eine sich nur in Kleinigkeiten unterscheidende Gewichtung.

JIM Jungen	SB-Jungen	JIM-Mädchen	LB-Mädchen	
1. Internet nutzen 2. Musik hören 3. Handy nutzen 4. PC-/Videospiele nutzen 5. Fernsehen	1. Musik hören 2. Internet nutzen 3. Handy nutzen 4. Bücher lesen 5. Fernsehen	1. Musik hören 2. Internet nutzen 3. Handy nutzen 4. Bücher lesen 5. Radio hören	1. Musik hören 2. Internet nutzen 3. Handy nutzen 4. Bücher lesen 5. Fernsehen	Vergleichende Darstellung der Ergebnisse (sehr wichtig/ wichtig)

Abbildung 22 Übersicht: Top 5 Wichtigkeit der Medien

So beurteilen die JIM-Jungen, die Internetnutzung als am wichtigsten, gefolgt vom Musik hören, während bei den anderen Unterscheidungsgruppen diese beiden Punkte in umgekehrter Reihenfolge beurteilt wurden. Bei allen steht die Handynutzung an Platz drei, gefolgt vom Bücherlesen, wobei diese Kategorie bei den JIM-Jungen nicht unter die TOP 5 gelangt ist. Die Nutzung von PC-/Videospielen stellt hier eine größere Wichtigkeit dar. Bei den JIM-Mädchen hat das Radiohören eine größere Wichtigkeit, bei den anderen Jugendlichen steht hier an Platz fünf das Fernsehen. Liegen diese Ergebnisse augenscheinlich sehr nah beieinander, so fallen größere Unterschiede erst bei der Betrachtung der prozentualen Verteilung auf. So beurteilen die LSB-Jugendlichen zu einem (manchmal deutlich) höheren Prozentanteil die Internetnutzung, das Musikhören sowie die Handynutzung im Vergleich zu den JIM-Jugendlichen als wichtiger. Wo die JIM-Jungen eine deutlich erkennbare Wichtigkeit der Nutzung von PC- und Videospielen zusprechen, so bewerten die SB-Jungen das Bücherlesen deutlich häufiger als wichtig. Die Tatsache, dass sich LSB-Jugendliche zurückziehen und ihre Freizeit nicht mit anderen, sondern für sich alleine gestalten, lässt hier die Frage aufkommen, wieso PC- und Videospiele die durchaus für eine zurückgezogene Freizeitgestaltung genutzt werden können, nicht im Interessensbereich dieser Jugendlichen liegen. Vermutlich mindert die in solchen Spielen oftmals verkörperte Ausübung von Gewalt und die damit verbundenen heteronormativen Rollenbilder ein Interesse daran. Die Nutzung eines Computers für andere Belange ist dann deutlich interessanter und wichtiger.

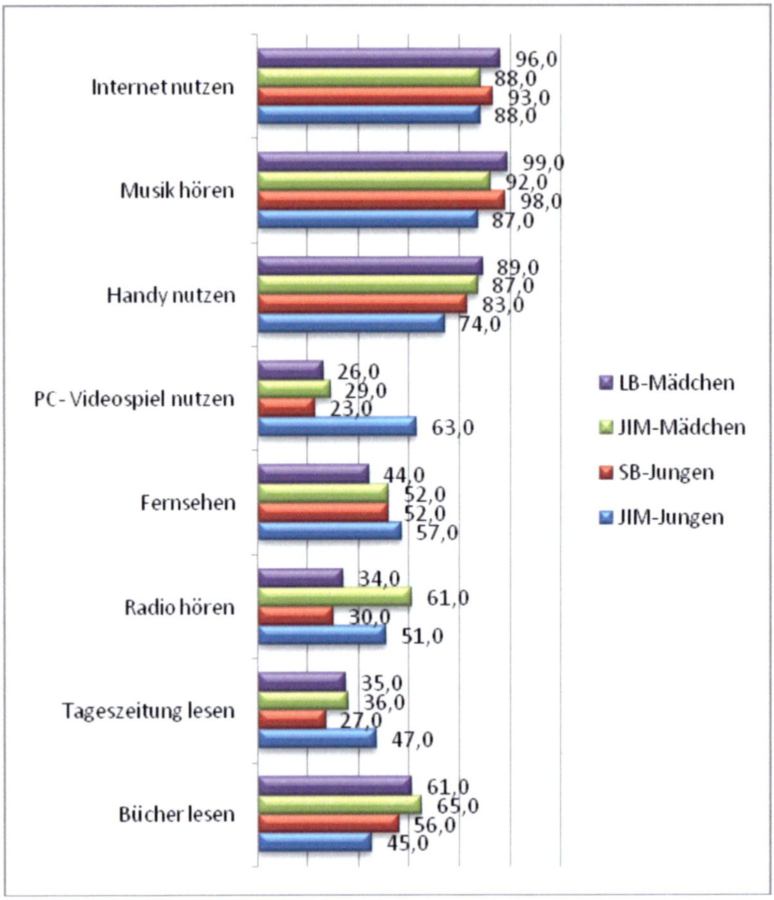

Vergleichende Darstellung der Ergebnisse:

Frage: (F017)

Basis:

JIM-Studie 2012, S.14f, n=1.201.

Aktuelle Befragung,

alle 14-19-Jährigen, männlich,n=60,

alle 14-19-Jährigen, weiblich, n=105.

Angaben in Prozent.

Abbildung 23 (oben) Wichtigkeit der Medien

Abbildung 24 (unten) Glaubwürdigkeit der Medien

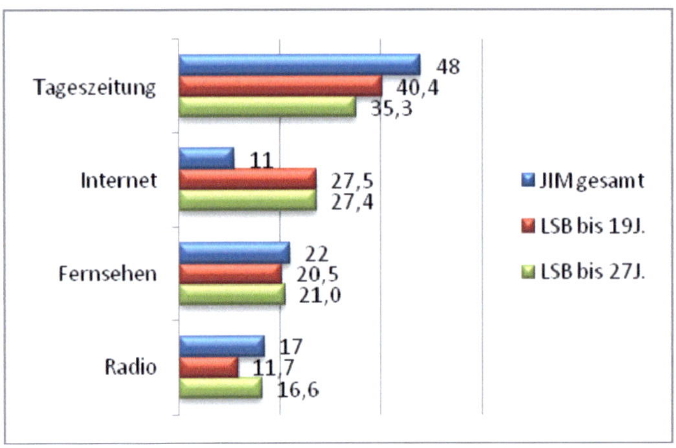

Vergleichende Darstellung der Ergebnisse:

Frage: (F018)

Basis:

JIM-Studie 2012, S.14f, n=1.201.

Aktuelle Befragung,

alle 14-19-Jährigen,n=171,

alle Befragten, n=453.

Angaben in Prozent.

In den bisher dargestellten Ergebnissen, ist eine hohe Affinität zum Internet bei den LSB-Jugendlichen erkennbar. Diese spiegelt sich auch bei der Bewertung der Glaubwürdigkeit der Medien wider. Die Antworten auf die Frage „Welchem Medium würdest Du am ehesten glauben, wenn Du zu einem Thema unterschiedliche und widersprüchliche Informationen findest?“ sagen aus, dass die Jugendlichen aus beiden Befragungen am meisten der Tageszeitung vertrauen würden. Während bei den JIM-Jugendlichen dann (mit sehr großem Abstand) Fernsehen, Radio und als letztes Internet folgen, steht bei den LSB-Jugendlichen die Glaubwürdigkeit des Internets an zweiter Stelle. Dass hier der Wert bei den bis 19-Jährigen und den bis 27-Jährigen fast identisch ist, spricht für eine in beiden Altersgruppen gleichermaßen vertretene Beurteilung des Internets und dessen Wertigkeit und Wichtigkeit; das Alter spielt demnach keine große Rolle. Bei Tageszeitung, Radio und Fernsehen halten auch deutlich weniger der LSB-Jugendlichen diese Medien für glaubwürdig, als es die Hetero-Jugendlichen tun, beim Internet wiederum deutlich mehr. Auch hier ist dementsprechend der hohe Stellenwert des Internets zu erkennen, wobei dessen Nutzung soweit reflektiert zu sein scheint, dass es für die LSB-Jugendlichen dennoch nicht das vertrauenswürdigste Medium ist.

6.5 Fragenblock 5: Computer und Internet

Die Wichtigkeit des Internets für die Jugendlichen mit homosexueller Orientierung ist mehrfach bereits klar erkennbar gewesen. Besonders in der Phase des inneren Coming-Out sind anonyme und schnell zugängliche Informationsquellen für diese Jugendlichen unverzichtbar. Da herkömmlichen Medien wie Zeitschriften und Bücher oftmals eine große Hemmschwelle darstellen, weil Jugendliche sich nicht trauen diese zu kaufen oder auszuleihen, bekommen Computer und Internet zentrale Bedeutung im Hinblick auf die Informationsbeschaffung, später dann auch im Bereich der Suche nach Gleichgesinnten.

Nur ein Jugendlicher/eine Jugendliche der bis 19-Jährigen (n=171) gab an (Frage: F019), kein eigenes internetfähiges Gerät wie Computer, Laptop oder Smartphone zu besitzen. 41 (24%) von ihnen haben einen Computer, weitere 11 (6,4%) Computer und Laptop und 118 (69%) dieser Altersgruppe geben an, mehr als zwei internetfähige Geräte ihr eigen zu nennen. Diese Zahlen ziehen sich symmetrisch durch die Gesamtheit aller Befragten (n=453). 21,4% besitzen einen Computer, 9,1% Computer und Laptop und 68,7% mehr als zwei internetfähige Geräte. Insgesamt vier aller Befragten gehört kein internetfähiges Gerät.

Ebenso gut wie die Versorgung mit Computer und Laptop in den Haushalten, ist die Verfügbarkeit von Internet auf das die befragten Jugendlichen zugreifen können.

Auch bei dieser Frage (F020) gab es nur eine Antwort die aussagte, dass jemand keinen Zugriff auf das Internet hat. Bei einer weiteren Person kann nur in der Schule oder bei Freunden, also außerhalb des eigenen Haushalts auf das Internet zugegriffen werden. (Diese Person ist in der Altersgruppe zwischen 20 und 27 Jahren.) Die Mehrheit, 79,5% der bis 19-Jährigen und 68,2% aller Befragten geben an, dass sie in dem Haushalt in dem sie leben immer freien Zugriff auf das Internet haben, weitere 14,6% (bis 19j) und 28,7% (aller Befragten) geben an, einen eigenen Internetanschluss zu haben. 5,3% der bis 19-Jährigen müssen erst um Erlaubnis fragen, können also nicht nach eigenem Ermessen ins Internet gehen. Dieser Anteil liegt deutlich unter dem der JIM-Jugendlichen, von denen ca. 14% erst um Erlaubnis fragen müssen (vgl. Medienpädagogischer Forschungsverbund Südwest 2012, S. 31).
Die Ergebnisse zu F016 (Medienbeschäftigung in der Freizeit) sagten aus, dass 100% der befragten Jugendlichen mehrmals pro Woche oder sogar täglich das Internet nutzen. Die mit F021 abgefragte Selbsteinschätzung zur täglichen Nutzungsdauer umreißt ein großes Spektrum. Von 171 befragten Jugendlichen (Altersgruppe bis 19 Jahren), machten nur 156 von ihnen verwertbare Aussagen. Die Angaben gehen von 8, 12, 20 Minuten (die drei kleinsten benannten Zeiteinheiten) bis hin zu 720, 900, 1080 Minuten (die drei größten benannten Zeiteinheiten). Es ergibt sich eine durchschnittliche Nutzungsdauer von 254 Minuten pro Tag, dies liegt deutlich über den Werten der JIM-Studie 2012, die eine durchschnittliche Nutzungsdauer von 130 Minuten bei den Mädchen, 133 Minuten bei den Jungen, 157 Minuten bei Hauptschülern, 134 Minuten bei Realschülern und 124 Minuten bei Gymnasiasten aufdeckt (vgl. Medienpädagogischer Forschungsverbund Südwest 2012, S. 32). Bei einer Unterscheidung nach Geschlecht ergeben sich in der Altersgruppe der bis 19-Jährigen bei den Männern 54 und bei den Frauen 96 verwertbare Aussagen. Demzufolge liegt die durchschnittliche Nutzungszeit des Internet pro Tag bei 285 Minuten bei den Jungen und bei 235 Minuten bei den Mädchen, was eindeutig die hohe Bedeutung und Wichtigkeit der Internetnutzung für Jugendliche mit homosexueller Orientierung bestätigt. Inwiefern dieser deutliche Anstieg im Zusammenhang mit der größeren Verbreitung der Smartphones steht, kann aus diesen Ergebnissen nicht abgeleitet werden, jedoch bleibt auch hier ein Zusammenhang zu vermuten. Ebenso unbeantwortet bleibt die Frage, ob die Jugendlichen das Internet so häufig nutzen weil ihr Smartphone ihnen diese Optionen bietet, oder ob sie sich ein Smartphone angeschafft haben, um vermehrt das Internet nutzen zu können. Die Auswertung der gesamten Ergebnisse (alle Befragte n=453) ergibt 428 verwertbare Aussagen, demzufolge eine durchschnittliche Nutzungszeit von 265 Minuten pro Tag. Bei den Männern errechnet sich bei 145 verwertbaren Aussagen eine Durchschnittszeit von 303 Minuten, bei den Frauen 243 Minuten bei 272 auswertbaren Antworten. Die tägliche Nutzungsdauer des Internets ändert sich demnach nur geringfügig mit dem Älterwerden,

die deutlichste Veränderung ist bei den Männern zu erkennen, wo sich die Nutzungszeit pro Tag um durchschnittlich 18 Minuten erhöht. Auffällig ist der in dieser Zielgruppe vorherrschende Unterschied zwischen den Mädchen und den Jungen. Eine weiterführende Analyse und Begründung dieses Unterschiedes ist in dieser Arbeit nicht beabsichtigt.
Die in F022 abgefragten Wege der Internetnutzung innerhalb der letzten 14 Tage unterscheiden sich in den Ergebnissen zur JIM-Studie nur auffallend in dem Punkt Handy/Smartphone. Die Nutzung des Internets über den Computer liegt in beiden Untersuchungen bei 96%, die Nutzung über ein Smartphone oder ein Handy liegt in der aktuellen Befragung mit 33 Prozentpunkten über dem Wert der JIM-Studie 2012. Die größere Verbreitung der Smartphones und eine demzufolge größere Nutzung ist bereits thematisiert worden.
Die inhaltliche Verteilung der Internetnutzung unterscheidet sich wie erwartet in gravierendem Umfang. Die Ergebnisse der aktuellen Befragung bestätigen die Aussagen, dass Jugendliche mit homosexueller Orientierung das Internet deutlich mehr nutzen, um mit anderen in Kontakt zu kommen oder zu bleiben, aber auch um Informationen zu suchen. Während nur 45% der JIM-Jugendlichen das Internet zur Kommunikation nutzen, tun es in der vergleichbaren Altersgruppe 83% der LSB-Jugendlichen. Auf dem Feld der Informationssuche liegt der Anteil der JIM-Jugendlichen bei 15%, bei den LSB-Jugendlichen liegt er bei 30%, ebenso im Sektor der Unterhaltung liegen die jeweiligen prozentualen Anteile der LSB-Jugendlichen über denen der JIM-Jugendlichen. Nur im Bereich Internetnutzung für Spiele überragen die JIM-Ergebnisse.
Betrachtet man die Ergebnisse in den einzelnen Schwerpunkten der Internetnutzung und vergleicht, was die Jugendlichen dann in den einzelnen Bereichen alles machen, so sind die Unterschiede erkennbar aber gar nicht so groß.
Wenn Jugendliche dann das Internet zur Kommunikation nutzen, so halten sie sich in Online-Communities auf, schreiben Emails, chatten, betreiben Internettelefonie oder nutzen Messenger-Programme. Im Schwerpunkt Kommunikation lassen sich aber dennoch Unterschiede zwischen den JIM- und den LSB-Jugendlichen erkennen. 9% mehr der LSB-Jugendlichen verbringen dann ihre Zeit in Online-Communities, weitere 5% mehr machen Internettelefonie. Vor dem Hintergrund schwul-lesbischer Lebenswelten im Coming-Out, lassen sich die Ergebnisse wie folgt erklären: Auf der Suche nach Gleichgesinnten verbringen sie viel (und mehr) Zeit in Online-Communities, um zu chatten oder Emails zu schreiben. Es fehlen ihnen die realen regelmäßigen Kontakte. Freundeskreise müssen sich erst aufbauen und etablieren. Mit steigendem Alter gewinnen dann Emails an Bedeutung, so dass dieser prozentuale Anteil von 46% bei den bis 19-Jährigen auf 65% bei den bis 27-Jährigen steigt. Oftmals lernen junge Lesben und Schwule dann Gleichgesinnte kennen, die nicht in

örtlicher Nähe leben. Der Weg der Internettelefonie ermöglicht ihnen dann ein Kennenlernen und den regelmäßigen Kontakt, so dass diese Art der Internetnutzung gerade im Alter vor Erwerb eines Führerscheins einen hohen Stellenwert bei den Jugendlichen einnimmt. Mit zunehmendem Alter fällt die Nutzungsquote von 24% (bei den bis 19-Jährigen) auf 16% (bei den bis 27-Jährigen) ab.

Im Schwerpunkt Unterhaltung unterscheidet sich der Punkt Musik über das Internet hören nicht. Dagegen sind LSB-Jugendliche deutlich seltener in Videoportalen aktiv, zu vermuten ist hier, dass eine Anmeldung und Registrierung die Jugendlichen davon abhält. Die konsumierenden Bereiche Videos ansehen, TV Sendungen zeitversetzt sehen und Mediatheken nutzen werden häufiger von den LSB- als den Hetero-Jugendlichen ausgeübt. Begründung hierfür kann der Rückzug Jugendlicher mit homosexueller Orientierung in die Isolation sein. Sie sind weniger mit Freunden und Cliquen unterwegs und verfügen so über mehr freie Zeit, die sie dann für sich gestalten müssen. Es ist wahrscheinlich, dass sie dazu dann das Internet als Unterhaltungsmedium nutzen. Die Möglichkeit TV Sendungen zeitversetzt zu sehen bietet ihnen die Eventualität, Sendungen in denen Homosexualität thematisiert wird zu Zeiten zu schauen, in denen sie ungestört und unbeobachtet sind. Die zielgerichtete Nutzung von Mediatheken eröffnet den Jugendlichen auch viele Informationen zu Coming-Out und der Auseinandersetzung mit dem Thema sexueller Orientierung. Ob die jeweiligen Kanäle und Medien tatsächlich mit diesen Begründungen rezipiert werden, kann nicht eindeutig aus den Ergebnissen belegt werden, ist aber zu vermuten.

Unter dem Schwerpunkt sich informieren ist in erster Linie der Bereich Informationen suchen (nicht für Schule oder Ausbildung) auffällig, da hier der prozentuale Anteile bei den LSB-Jugendlichen 13 Prozentpunkte über dem Ergebnis der JIM-Studie liegt. Somit bestätigt sich die Annahme, dass LSB-Jugendliche das Internet häufiger nutzen um nach Informationen (vermutlich ihre sexuelle Orientierung betreffend) zu suchen.

Wird das Internet für Schule oder Freizeit genutzt, sind nur im Bereich der Freizeitnutzung Unterschiede zu erkennen. Es kann konstatiert werden, dass LSB- und Hetero-Jugendliche in Bezug auf die Nutzung für Schule, Beruf und Ausbildung das Internet in ähnlicher Weise nutzen. Im Freizeitbereich dagegen, zum Beispiel beim Bearbeiten von Filmen und Bildern, aber auch beim Zusammenstellen von Musik-CDs und MP3 liegt hier die prozentuale Nutzung der LSB-Jugendlichen wieder über der der Hetero-Jugendlichen. Wiederum kann hier die durch Rückzug und Isolation gewonnene Freizeit herangeführt werden, in der sich die LSB-Jugendlichen vermutlich dann auch diesen Freizeitbeschäftigungen hingeben.

Damit, sowie mit der Nutzung von Online-Communities und Web-Portalen zur Kontaktaufnahme, zeigt sich bei den LSB-Jugendlichen unter dem Schwerpunkt Web 2.0 auch eine größere Aktivität, als bei der Vergleichsgruppe. Generell ist dieser Bereich nicht derjenige mit den meisten Aktivitäten, dennoch sind hier die LSB-Jugendlichen erkennbar aktiver als die JIM-Jugendlichen. Die durch den Rückzug gewonnene Freizeit gibt die Möglichkeit sich mit dieser Kategorie zu beschäftigen und bietet ebenso wie die Gestaltung der eigenen Internetpräsenz in Online-Communities, die Chancen jemand anderen kennenzulernen zu erhöhen. So stellen sich die wesentlichen Unterschiede zu den JIM-Jugendlichen wie folgt dar: Etwas in Foren und Newsgroups schreiben (+8%), Fotos und Videos einstellen (+7%), Web Blogs verfassen (+6%).

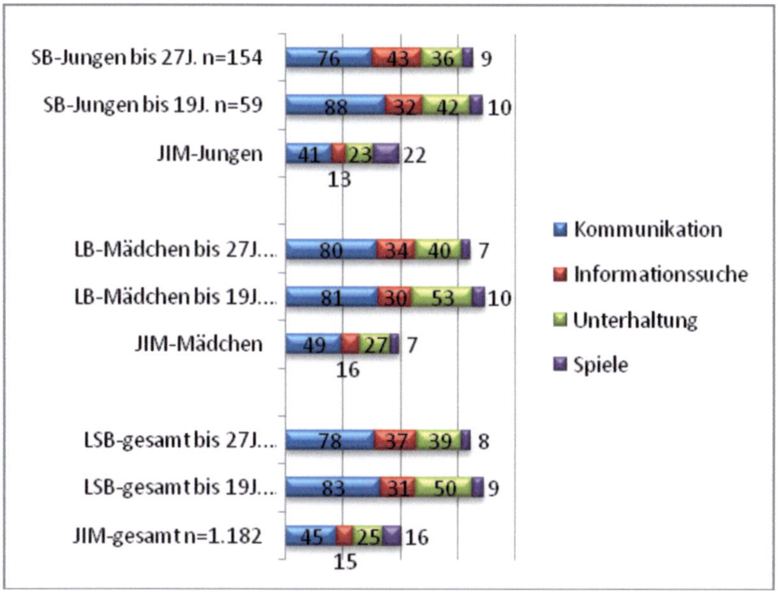

Vergleichende Darstellung der Ergebnisse:

Frage: (F023)

Basis:

JIM-Studie 2012, S.33,

aktuelle Befragung.

Angaben in Prozent.

Abbildung 25 Inhaltliche Verteilung der Internetnutzung

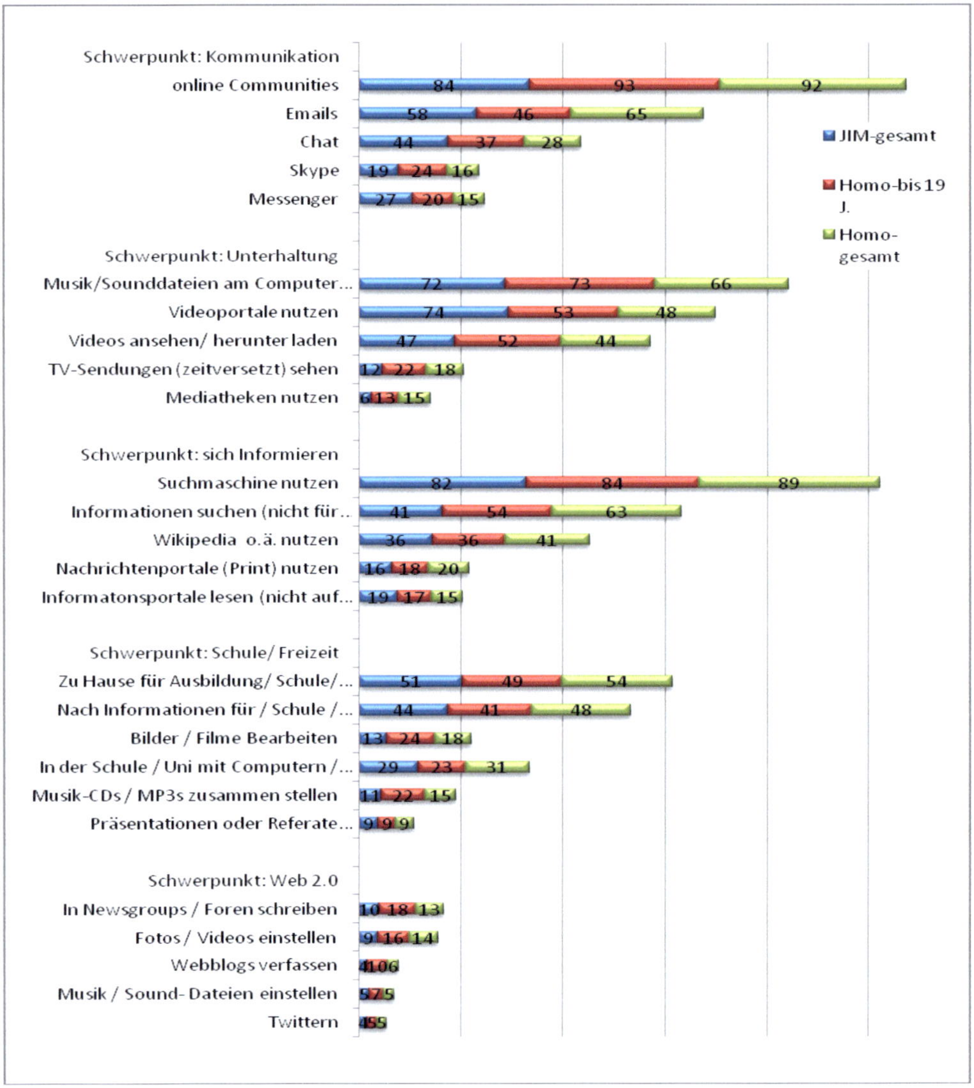

Vergleichende Darstellung der Ergebnisse:

Fragen: (F024-F027)

Basis:

JIM-Studie 2012, S.34-39, n=1.201

aktuelle Befragung, gesamt n=451, bis 19J. n= 169.

Angaben in Prozent.

Abbildung 26 Aktivitäten im Internet, nach Schwerpunkten sortiert

6.6 Fragenblock 6: Online-Communities

Online-Communities gehören zu den meist genutzten Anwendungen im Internet, so die Ergebnisse der JIM-Studie 2012, die die Jugendlichen ohne nähere Angaben danach fragte, welche Communities sie überhaupt nutzen. Facebook (81%), und SchülerVZ (11%) waren Platz eins und zwei der Nennungen. Es folgte eine Auflistung diverser Communities, die jedoch nur selten (von kaum mehr als 1 Prozent der Befragten) genutzt wurden. Skype wurde von 5% der Befragten verwendet und kam somit auf Platz 5. Die hier vorgestellte Untersuchung gab die Antwortmöglichkeiten als Auswahlfrage vor und listete elf Online-Communities, darunter vor allem die Communities für Lesben und Schwule auf. Zwei zusätzliche Felder »andere« und »Communities mit sexuellen Inhalten« konnten gewählt werden, wenn andere, über die aufgelisteten Communities hinaus, genutzt wurden. Auch in dieser Befragung steht Facebook mit großem Abstand auf Platz eins. 93,6% aller Befragten die Facebook nutzen, 6,4% die es zwar kennen aber nicht nutzen und niemand, der es nicht kennt. Auf Platz zwei steht der Internettelefondienst Skype, 69,3% nutzen ihn, 30,2% kennen aber nutzen ihn nicht und nur 0,4% ist Skype unbekannt. Diese Zahlen bestätigen die hohe Bedeutung der Internettelefonie, die es den Jugendlichen ermöglicht, über große Entfernungen so Kontakte aufzubauen und vor allem zu halten. Darüber hinaus ist es den Jugendlichen so möglich, zeitgleich miteinander zu kommunizieren. Messages oder Forenbeiträge zu schreiben bietet ihnen zwar die Möglichkeit zu jeder Zeit mit jemanden in Kontakt zu treten, kann aber dazu führen, dass Nachrichten mit großer Zeitverzögerung gelesen und beantwortet werden und es so zu einer zeitlichen Verschiebung von Bedeutung und Emotionalität kommen kann. Die als Chat gestaltete Kommunikation ermöglicht eine zeitgleiche Verständigung, dennoch bietet eine Face-to-Face Kommunikation, auch online und über weite Distanzen hinweg, eine besondere Art des spontanen und zeitgleichen Erlebens. Somit kommt dieser sozioemotionalen Internetnutzung ein besonderer Stellenwert zu (vgl. Kolanowski 2009, S. 126).

An dritter Stelle kommt der Bereich »andere«, insgesamt 46,1% nutzen weitere, hier nicht aufgelistete Online-Communities. Schaut man sich die Ergebnisse zu den schwulen oder lesbischen Communities an, fallen hier die prozentualen Ergebnisse aufgrund der Geschlechterverteilung sehr unterschiedlich aus. Da deutlich mehr Frauen an der Befragung teilgenommen haben, ist der Wert für »Lesarion« deutlich höher, als die jeweiligen Werte für die schwulen Communities.

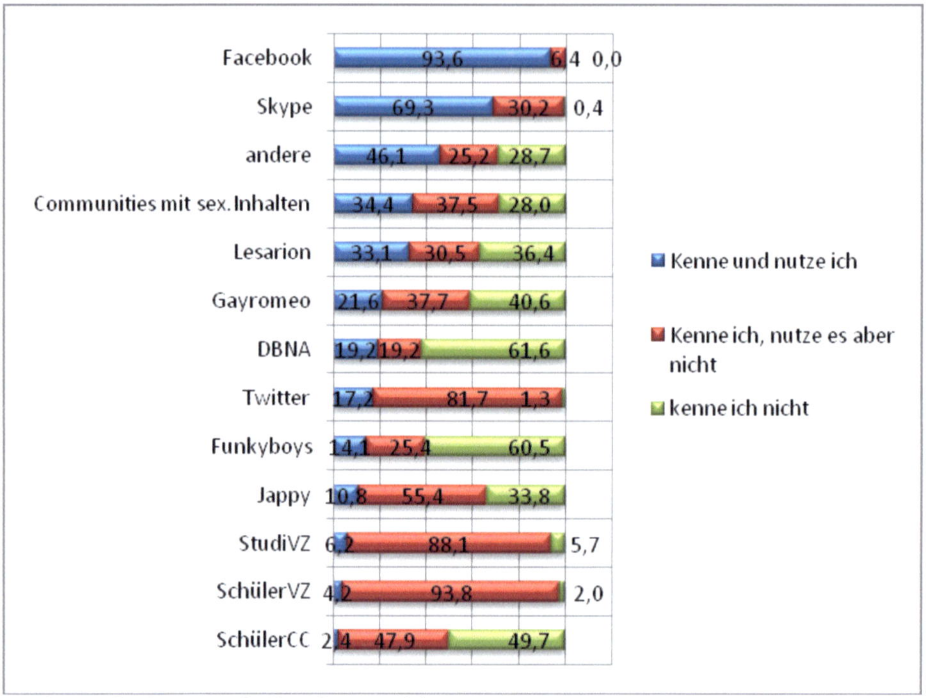

Darstellung der Ergebnisse:

Frage: (F028)

Basis: aktuelle Befragung, n=453, Angaben in Prozent.

Abbildung 27 Genutzte Online-Communities

Um die Nutzung der zielgruppenspezifischen Communities in Relation zueinander zu sehen, müssen dementsprechend die Ergebnisse nach Geschlecht getrennt dargestellt und miteinander verglichen werden. Von 285 befragten Mädchen/Frauen gaben 51,9% an, Lesarion zu nutzen. Da Lesarion die einzige Community war, die hier für Lesben abgefragt wurde, es aber weitere Communities für diese Zielgruppe gibt, lässt sich der relativ hohe Wert von 48,1% für andere Communities einfach erklären. Communities mit sexuellen Inhalten werden von 17,2% der Frauen genutzt.

Bei den Männern dagegen stellen Portale mit sexuellen Inhalten die größte Nutzungsrate dar. Unsicher ist, ob Gayromeo (u.a.) von den Befragten auch als eine solche eingestuft wurden, dies würde dann den relativ hohen Wert von 63,2% erklären. Alternativ könnten Gayromeo, Funkyboys und DBNA auch als Chat- und Kontaktportale mit nicht sexuellen Inhalten eingeordnet werden. Gayromeo ist bei Schwulen die am häufigsten genutzte Community, mit 60% steht diese (nach den unbenannten Internetseiten mit sexuellen Inhalten) an zweiter Stelle, gefolgt von DBNA mit 51,6% und Funkyboys mit 36,8%. Gayromeo wird überwiegend von den älteren Befragten genutzt, nur 21 der insgesamt 93 Gayromeo-User sind in der Altersgruppe der bis 19-Jährigen. DBNA wird dagegen deutlich stärker von den jüngeren Jungen genutzt, hier sind 57 der insgesamt 80 DBNA-User in der Altersklasse der bis 19-

Jährigen. Zudem zeigt sich, dass ein großer Anteil der Befragten in mehreren verschiedenen Online-Communities aktiv ist. So nutzen insgesamt 31% der männlichen Befragten Funkyboys und DBNA, 23% DBNA und Gayromeo und 12,3% nutzen sogar alle drei dieser Portale. Der hohe Stellenwert von Online-Communities für die LSB-Jugendlichen ist eindeutig erkennbar und spiegelt sich vor allem bei den Angeboten wider, die auf die jeweilige Zielgruppe ausgerichtet sind und somit den Kontakt zu anderen Gleichgesinnten ermöglichen. So wird auch die These gestützt, dass LSB-Jugendliche digitale Medien und Internet in besonderer Weise zur Kontaktaufnahme zu Gleichgesinnten nutzen.

Die männlichen Befragten zeigen eine deutlich größere Aktivität in den verschiedenen zielgruppenspezifischen Online-Communities, vor allem in solchen mit sexuellen Inhalten. Das bei den weiblichen Nutzern die Angaben zur Hinwendung zu Communities mit sexuellen Inhalten so gering ausfallen, kann in dem – im Vergleich mit dem Spektrum für die männlichen Nutzer – geringeren Angebot begründet sein. Ob die weiblichen Befragten ebenfalls in mehreren Communities „unterwegs“ sind, kann aus den Ergebnissen nicht abgeleitet werden, wobei auch dieses zu vermuten ist.

Es lässt sich wie auch in der JIM-Studie 2012 der Trend erkennen, dass Jugendliche die Plattformen nutzen, die im eigentlichen Sinne für die erwachsenen Nutzer konzipiert wurden (vgl. Medienpädagogischer Forschungsverbund Südwest 2012, S. 42).

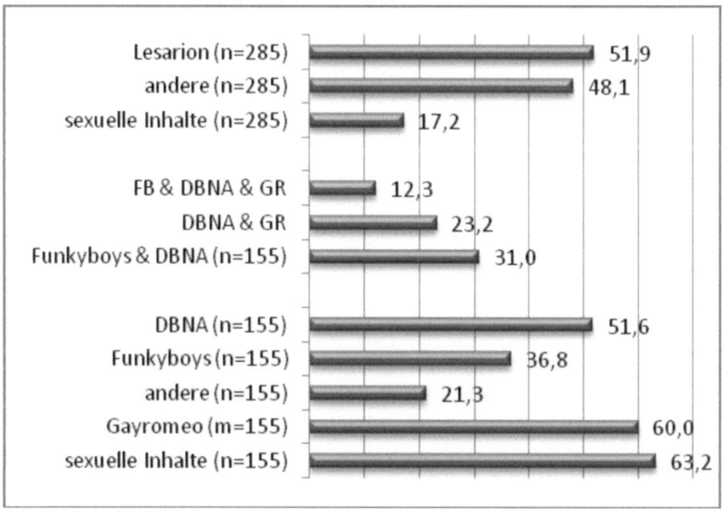

Darstellung der Ergebnisse:
Frage: (F028)
Basis:
aktuelle Befragung,
Angaben in Prozent.

Abbildung 28 Genutzte zielgruppenspezifische Online-Communities

Online-Communities bieten den Nutzer*innen eine Vielzahl von verschiedenen Anwendungen und Funktionen. Die Ergebnisse von F029 (Wozu nutzt Du wie oft die verschiedenen Communities) zeigen auf, wie oft die Jugendlichen in den Communities welchen Tätigkeiten nachgehen. Die Analyse der Ergebnisse fokussiert die Nennungen »täglich/mehrmals pro Woche«, da diese am aussagekräftigsten erscheinen.

Aufgelistet waren die Tätigkeitsbereiche von chatten, Nachrichten schreiben sowie Kontakt zu anderen Leuten suchen, über posten was man gerade macht, Videos oder Fotos einstellen, bis hin zu spielen und das eigene Profil bearbeiten. In einigen der aufgezählten Funktionen sind nur geringfügige Unterschiede erkennbar, dazu gehören die Anwendungen Spiele, sowie Fotos und Videos einstellen.

Geringfügig deutlicher werden die Unterschiede bei den Funktionen »posten was man gerade macht« und »nach Bekannten suchen«. Die erkennbaren Unterschiede sind in diesen beiden Bereichen aber nicht so groß, so dass es nur einer kurzen Erläuterung bedarf. Die in der JIM-Studie befragten Jugendlichen posten 5,5% seltener was sie gerade tun, als die Jugendlichen der aktuellen Befragung (22% : 27,5%). Die weite Verbreitung von Smartphones und den sich damit ergebenden Möglichkeiten der Internetnutzung führen wahrscheinlich zu diesem Unterschied. Die aktuelle Befragung hat den Bereich »nach Kontakten und Leuten suchen« unterteilt und fragte sowohl »nach Bekannten suchen« als auch »nach neuen Kontakten suchen«. Damit sollte erkennbar sein, ob die befragten Jugendlichen zum Beispiel nach ehemaligen Schulkamerad*innen oder nach **neuen** Bekannten, also Gleichgesinnten suchen. Auf die Frage »nach Bekannten suchen« beschränkt, liegen die aktuellen Ergebnisse 4,5% unter denen der JIM-Studie. Dies kann damit zusammenhängen, dass sich die LSB-Jugendlichen von ihrem gewohnten Umfeld distanzieren und die ehemaligen Bekannten gar nicht weiter suchen wollen.

Der Unterschied im Bereich »Fotos und Videos einstellen« beträgt 8,1 Prozentpunkte, mit denen die LSB-Jugendlichen häufiger dieser Tätigkeit nachgehen. Dieses kann mit der Vermutung erklärt werden, dass LSB-Jugendliche mehr freie Zeit haben, die sie auf diese Art und Weise kreativ verbringen. Darüber hinaus kann die Gestaltung des eigenen Profils, das Hochladen von eigenen Fotos oder Bildern auch zur Selbstdarstellung gehören, umso interessanter zu sein und neue Kontakte zu finden. Korrespondierend zu dieser Vermutung stehen die Ergebnisse von 14,6% der bis 19-Jährigen, die täglich oder mehrmals in der Woche das eigene Profil aufsuchen. Es wird genutzt, um ein Spiegelbild der eigenen Identität abzubilden, die man so beliebig verändern und arrangieren kann. Dieses hat einen enorm hohen Stellenwert für die hier befragten Jugendlichen und zeigt, wie hoch das Interesse daran ist, die eigene Identität zu gestalten.

Deutlicher ins Gewicht fällt, dass 41,5% der bis 19-Jährigen die Portale nutzen, um dort täglich bis mehrmals in der Woche nach **neuen** Kontakten zu suchen. Die älteren Befragten (21-27 Jahre) tun dieses bereits um 5,3% seltener. Besonders auffällig ist der Unterschied zwischen Männern und Frauen. Zwischen ihnen liegt ein Unterschied von 46,3 Prozentpunkten.
Deutlich auffallend sind die Unterschiede bei den genutzten Funktionen »Nachrichten verschicken« (hier liegen die Ergebnisse der befragten LSB-Jugendlichen 13,9% über denen der JIM-Studie 2012) und »in Online-Communities chatten« (hier liegen die Ergebnisse der befragten LSB-Jugendlichen 18,4% unter denen der JIM-Studie 2012). Das Nachrichtenverschicken ist somit die beliebteste Beschäftigung und die meistgenutzte Funktion der Jugendlichen. Sowohl der in der JIM-Studie, als auch in dieser Studie befragten Jugendlichen, wobei die LSB-Jugendlichen dieser Tätigkeit deutlich häufiger nachgehen. Diese zeitversetzte Kommunikation ermöglicht es den Nutzer*innen, zu frei gewählten Zeiten Nachrichten zu beantworten oder mit anderen Personen, selbst wenn diese nicht zur gleichen Zeit online sind, Kontakt aufzunehmen. Die zeitgleiche Kommunikation via Chatfunktionen ist bei den LSB-Jugendlichen bei weitem nicht so beliebt, wie es bei den JIM-Jugendlichen der Fall ist. Zu vermuten ist, dass eher gechattet wird, wenn man sich bereits kennt und da ein Chat nicht die genutzte Anwendung ist, um einen Kontakt neu aufzubauen, werden häufiger Nachrichten versandt. Eine weitere Überlegung ist die, dass Nachrichten immer wieder mal geschrieben und abgerufen werden können, während ein Chat eine andauernde Anwesenheit beider Kommuniktionspartner*innen erfordert. So ist es wahrscheinlich, dass die Befragten Jugendlichen immer wieder zwischendurch (in der Schule, in den Pausen, wenn sie mit Bus oder Bahn unterwegs sind) online gehen, um so mit den anderen zu kommunizieren. Online-Communities haben für LSB-Jugendliche eine zentrale Bedeutung, um über sie neue Kontakte zu knüpfen. Die meist genutzte Funktion ist dafür das Versenden von Nachrichten. Für die Zielgruppe der LSB-Jugendlichen lässt sich zusammenfassend sagen, dass Jungen mehr nach neuen Kontakten suchen als es Mädchen tun, die jüngeren auch häufiger als die älteren. Mädchen bearbeiten und verändern häufiger ihre Profile als die Jungen, auch hier überwiegen die Jüngeren im Vergleich zu den Älteren.

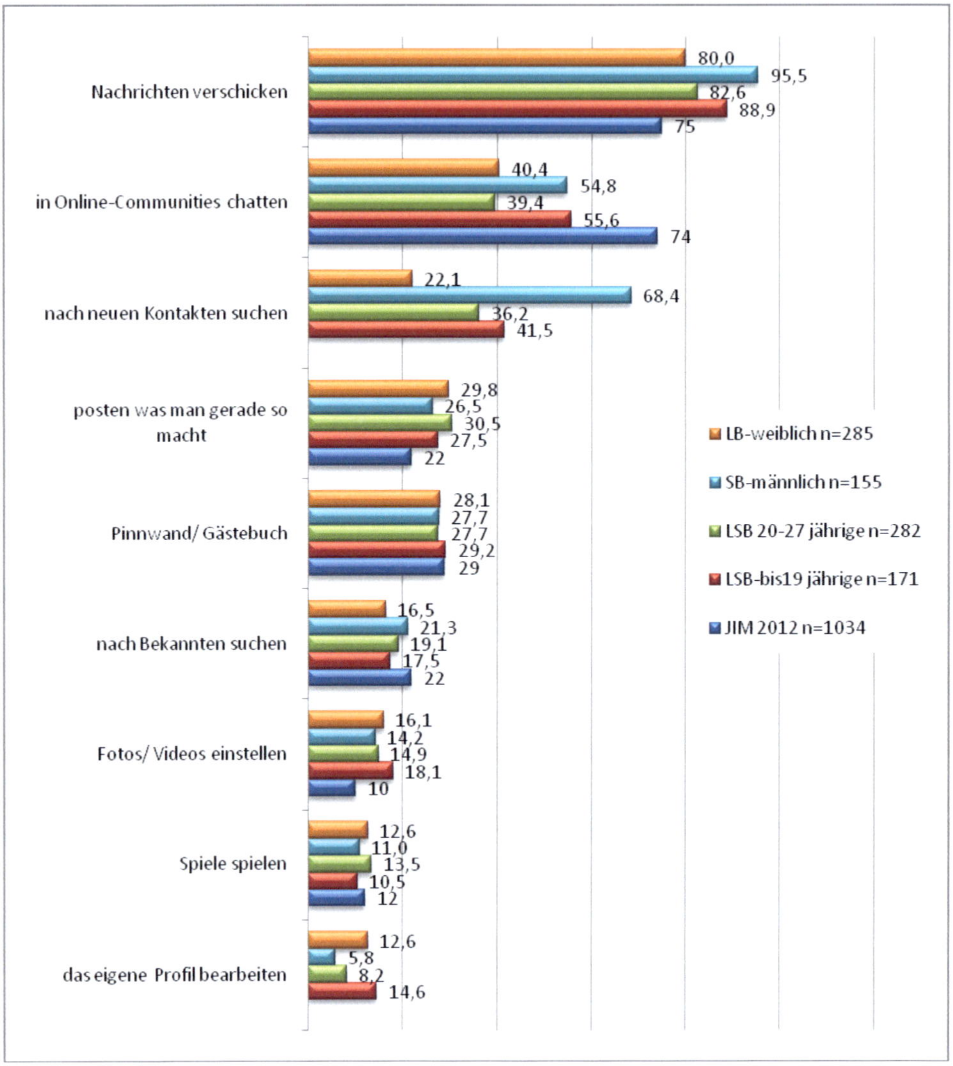

Vergleichende Darstellung der Ergebnisse:
Frage: (F029)
Basis:
JIM-Studie 2012, S.42,
aktuelle Befragung:
Vergleich zwischen allen Befragten 14-19J (n=171). sowie allen Befragten 20-27J. (n=282), sowie allen männlichen (n=155) und allen weiblichen (n=285) Befragten.
Angaben in Prozent.

Abbildung 29 Genutzte Funktionen in Online-Communities

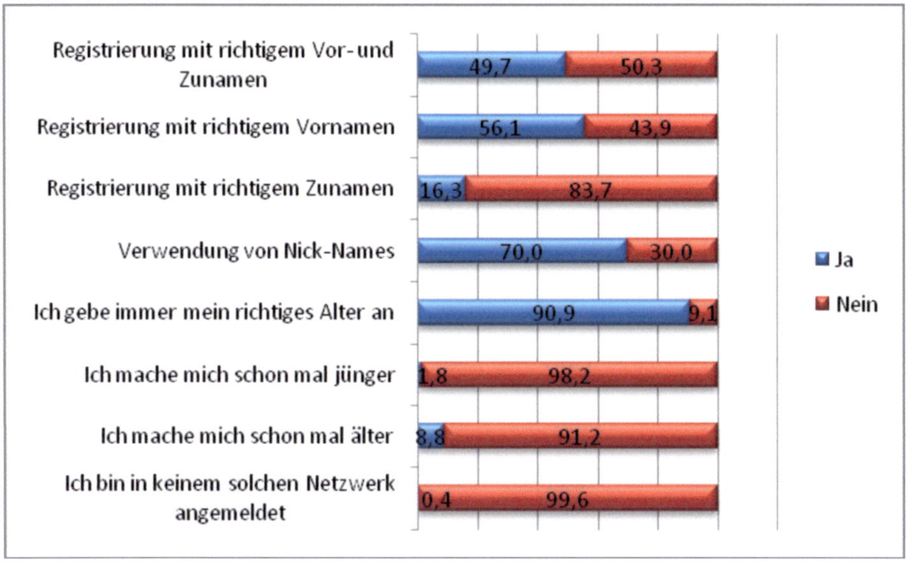

Darstellung der Ergebnisse:

Frage: (F030)

Basis: aktuelle Befragung, n=453,

Angaben in Prozent.

Abbildung 30 Veröffentlichung persönliche Informationen bei der Anmeldung

Der hohe Stellenwert von Online-Communities für die befragten LSB-Jugendlichen zeichnet sich auch in dem Ergebnis ab, dass nur 2 der 453 Befragten angaben, nicht in einer Online-Community angemeldet zu sein.

70% der Befragten verwenden bei der Anmeldung Nicknames, 49,7% melden sich mit richtigem Vor- und Zunamen an, weitere 56,1% mit richtigem Vornamen und 16,3% nur mit richtigem Zunamen. Die Gesamtsumme dieser Nennungen übersteigt 100%, so dass Mehrfachnennungen auf unterschiedliche Anmeldemodalitäten bei den unterschiedlichen Communities zu vermuten sind. So werden wahrscheinlich bei den herkömmlichen Portalen wie Facebook die Vor- und Zunamen verwendet, bei Anmeldungen in schwulen-/lesbischen Communities wird dann auf Pseudonyme zurückgegriffen. Nur wenige der Befragten machen sich schon mal älter (8,8%), wahrscheinlich um Altersbeschränkungen bei der Anmeldung zu umgehen und 1,8% gaben an, sich schon einmal jünger gemacht zu haben.

432 der Befragten machten relativ konkrete Angaben zu der Anzahl der Freund*innen, mit denen sie in den verschiedenen Online-Communities vernetzt sind. In der Altersgruppe der bis 19-Jährigen waren es 159 auswertbare Angaben. Diese gehen von 1, 2, 3, (die drei kleinsten Werte) bis zu 900, 1050, 1600 (die drei größten Werte), daraus ergibt sich ein Durchschnittswert von 190 Freund*innen mit denen die Jugendlichen vernetzt und befreundet sind (218 bei den bis 19-Jährigen), das sind 82 Freund*innen weniger als der in der JIM-Studie ermittelte Durchschnittswert (in der gleichen Altersgruppe sind es 54 weniger). Auch hier ist die Begründung zu vermu-

ten, dass LSB-Jugendliche sich von ihrem sozialen Umfeld distanzieren und noch im Aufbau von Vernetzungsstrukturen und Freundeskreisen mit Gleichgesinnten sind. Dass der Unterschied bei den LSB-Befragten mit steigendem Alter auch größer wird, kann ein Anzeichen für einen reflektierten Umgang mit der Annahme von Freundschaftsanfragen sein: Man speichert nur die Leute, die man persönlich kennt. Der Rest der Befragten machte Angaben (10-240, 700-1000 oder »viele«, »das hängt vom Netzwerk ab«, etc.) mit denen eine genauere Berechnung der durchschnittlichen Vernetzungen nicht möglich ist. Der größte Anteil der Befragten hat zwischen 101 und 250 Freund*innen. Die außergewöhnlichen Werte wie »bis 10« und »über 500« Freund*innen resultieren aus den Antworten von nur wenigen (Anzahl 38) Befragten.

87% der in der JIM-Studie 2012 befragten Jugendlichen hatten die Privacy-Optionen in ihren Profilen der Online-Communities aktiviert. Die in dieser Befragung gewonnenen Daten zeigen einen erkennbaren Unterschied. In der Zielgruppe der bis 19-Jährigen haben 78,4% diese Optionen eingeschaltet, 17% haben sich noch nicht mit diesen Einstellungen befasst. Bei allen Befragten sind es 85%, die die Schutzfunktionen aktiviert haben und 12 %, die sich noch nicht damit befasst haben. Sowohl bei den bis 19-Jährigen als auch bei allen Befragten geben 3% an, die Optionen zum Schutz der Privatsphäre nicht zu verwenden. Es zeigt sich, auch wenn der Unterschied, in Prozentpunkten gemessen, nicht allzu groß ist, dass die jüngeren unbedarft an diese Thematik herangehen, sich mit zunehmendem Alter aber ein höheres Sicherheitsdenken einstellt. Auf die Frage, wie sicher man sich in Bezug auf den Schutz der persönlichen Daten in den sozialen Netzwerken fühle (F033), antworteten die bis 19-Jährigen 3,5% (JIM 10%) mit sehr sicher, 39,2% (JIM 44%) mit sicher, 45% (JIM 37%) mit wenig sicher und 12,3% (JIM 8%) mit gar nicht sicher. Hier zeigt sich tendenziell bei den LSB-Jugendlichen weniger Vertrauen in die Communities als in der Vergleichsgruppe der Hetero-Jugendlichen. Die Angst vor dem Entdecktwerden kann hierfür ein Grund sein, jedoch muss auch mitbedacht werden, dass zurzeit der Befragung neue Datenschutzskandale und Datendiebstähle, zur Verunsicherung diesbezüglichen Sicherheitsempfindens geführt haben können.

In Bezug auf die Hinterlegung und Veröffentlichung von persönlichen Daten zeigt sich, dass jeweils die Mehrheit der befragten Jugendlichen auch Daten von sich preisgeben, wenn es sich um Communities mit homosexuellem Kontext handelt. Die formulierte Vermutung, Jugendliche neigten nach durchlebtem äußeren Coming-Out durchaus zu Extrovertiertheit und Kompensationsverhalten (zu der erlebten Zeit, in der sie die sexuelle Identität unterdrückt haben), und dies führte zu einem freizügigeren Umgang mit persönlichen Informationen, zeigt sich somit bestätigt. (Abb. 31)

Dies ist ebenfalls im Vergleich zu den Ergebnissen der JIM-Studie 2012 zu erkennen. In fast allen Punkten liegen die aktuellen Ergebnisse deutlich über denen der Vergleichsstudie. (Abbildung 32). Nur in Bezug zur eigenen Emailadresse sind die LSB-Jugendlichen sparsamer mit der Veröffentlichung, in allen anderen Bereichen geben sie öfters ihre persönlichen Informationen in den Online-Communities preis. Die Annahme, dass LSB-Jugendliche aus der Angst heraus entdeckt zu werden, ein zurückhaltenderes Veröffentlichungsverhalten an den Tag legen, zeigt sich somit als nicht bestätigt.

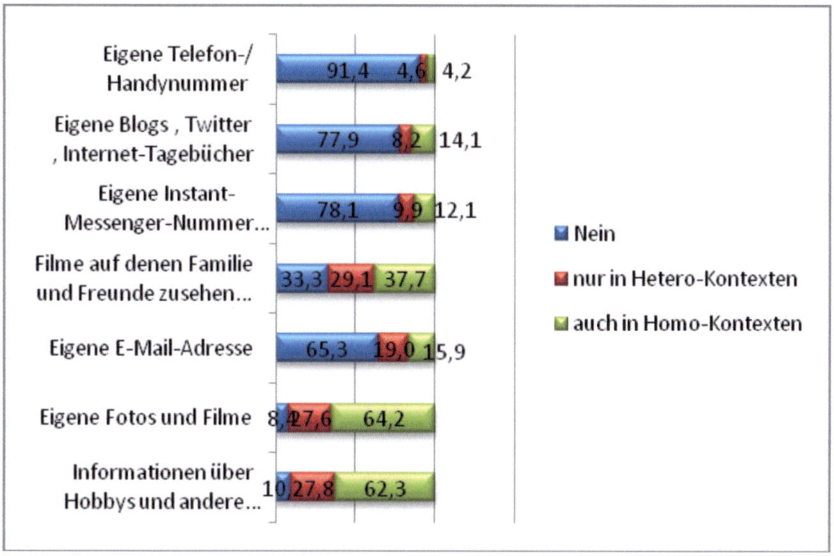

Darstellung der Ergebnisse:

Frage: (F034)

Basis:

aktuelle Befragung, n=453

Angaben in Prozent.

Abbildung 31 Veröffentlichung persönliche Daten in Hetero-/ Homo-Kontexten

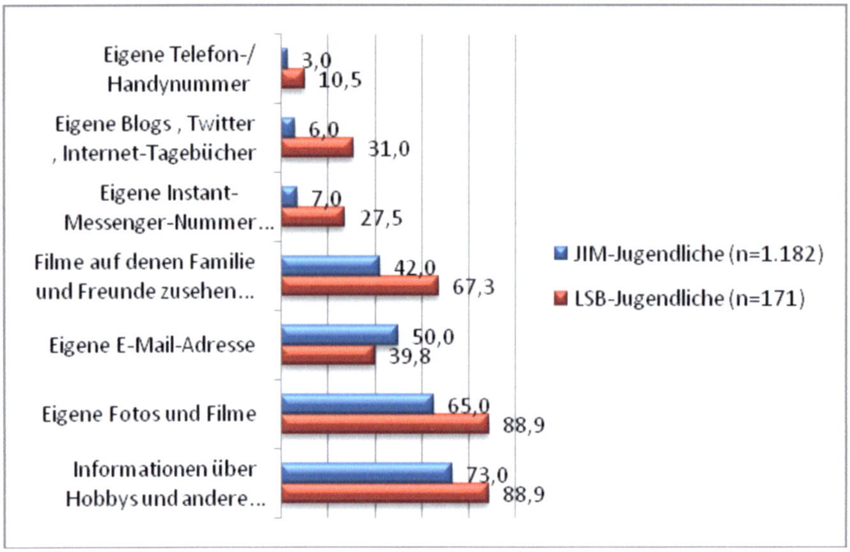

Vergleichende Darstellung der Ergebnisse:

Frage: (F034)

Basis:

JIM-Studie 2012, S.46, n=1.182,

aktuelle Befragung, bis 19 Jährige, n=171,

Angaben in Prozent.

Abbildung 32 Hinterlegte persönliche Daten

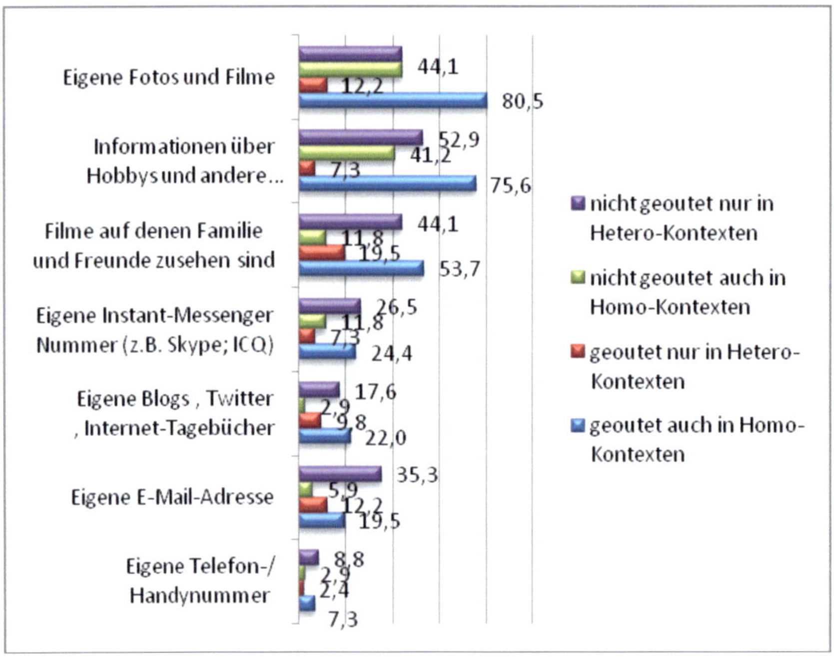

Vergleichende Darstellung der Ergebnisse:

Frage: (F034)

Basis:

aktuelle Befragung,

geoutete bis 19 Jährige, n=41,

nicht geoutete bis 19 Jährige, n=34

Angaben in Prozent.

Abbildung 33 Hinterlegte persönliche Daten bei geouteten und nicht geouteten Jugendlichen

Welche Rolle das durchlebte Coming-Out auf das Veröffentlichungsverhalten der persönlichen Informationen hat, zeigt eine Gegenüberstellung von 34 Befragten in der Gruppe der bis 19-Jährigen, die in der Familie gar nicht geoutet sind, mit den Ergebnissen von 41 Befragten in der gleichen Altersgruppe, welche in der Familie vollständig geoutet sind. Hier zeigt sich, dass die nicht geouteten Jugendlichen deutlich seltener private Informationen veröffentlichen, auch wenn dieses nur in Hetero-Kontexte geschieht, in Homo-Kontexten ist dies noch seltener der Fall.
Beispielhaft lassen sich hier die Bereiche »eigene Fotos und Filme« sowie »Informationen über eigene Hobbys und Tätigkeiten anführen«. Während 80,5% der geouteten Jugendlichen eigene Fotos und Filme auch in homosexuellen Kontexten veröffentlichen, machen das von den nicht geouteten nur 44,1%. Im Bereich der Hobbys liegt der Unterschied bei 34,4 Prozentpunkten. Auch in heterosexuellen Kontexten ist das Veröffentlichungsverhalten in diesen Bereichen deutlich zurückhaltender.

6.7 Fragenblock 7: Handynutzung

F010 und F013 sowie deren Ergebnisse thematisierten bereits den deutlichen Anstieg im Besitz von Smartphones. Während 96 Prozent der befragten Jugendlichen aus der JIM-Studie angaben ein Handy zu besitzen, sind es nur noch 17% bei den in dieser Studie befragten Jugendlichen, dafür besitzen 83% ein Smartphone, in der JIM-Studie besaßen nur 47% ein solches Gerät. Der Anstieg im Besitz dieser Geräte stellt einen interessanten Aspekt dar, wenn man ihn im Zusammenhang mit einem unkontrollierten und freiverfügbaren Zugang zum Internet und den damit verbundenen Recherche- und Kontaktmöglichkeiten diskutiert. Ob dies aber Entscheidungsgründe für ein Smartphone sind, lässt sich aus den Zahlen heraus nicht bestätigen. Daher bleibt weiterhin auch zu vermuten, dass der Fortschritt in der Entwicklung dieser Geräte, sowie die Vermarktung mit attraktiven Angeboten, diesen Anstieg bewirken. Nur eine Person hat angegeben, weder Handy noch Smartphone zu besitzen. Die meisten der Geräte sind unabhängig von WLAN internetfähig (83,9%), weitere 7,7% der Geräte sind über WLAN, 8,4% der genutzten Handys sind nicht internetfähig. 47% der Smartphones basieren auf dem Betriebssystem Android, 11,3% sind Apple Geräte, weitere 37,7% wurden anderen Betriebssystemen (u.a. Windows-Phone, Blackberry) zugeordnet.

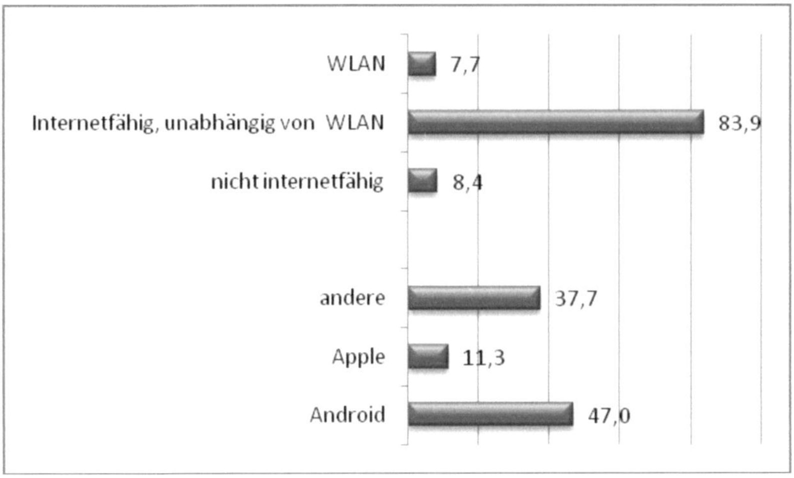

Darstellung der Ergebnisse:

Frage: (F036)

Basis:

aktuelle Befragung, n=453,

Angaben in Prozent.

Abbildung 34 Ausstattungsmerkmale des Handys/ Smartphones

Bei der Frage nach dem Alter des Handys / Smartphones (F037) machten 451 Personen auswertbare Angaben. Eine Person besitzt kein Handy oder Smartphone, eine weitere gab an, „keine Ahnung, es hat schon eine Kamera.“ Darüber hinaus gingen die Angaben von »2 Wochen« bis »10 Jahre« alt. Das Durchschnittsalter der Geräte liegt bei 17 Monaten und liegt damit einen Monat unter dem Durchschnittsalter der Handys aus der JIM-Befragung, was keinen signifikanten Unterschied darstellt.
Bei der Internetnutzung über das Handy / Smartphone werden größere Unterschiede erkennbar. So nutzten 40% der JIM-Befragten das Internet per Handy, in der aktuellen Befragung liegt dieser Wert bei 83%, auch dieses steht im Zusammenhang mit dem Besitz von Smartphones und einer damit verbundenen anderen Internetnutzung. Von den 83% der Handy-Internetnutzer*innen gaben 79% an, eine Internetflatrate zu besitzen. Dieses spricht eindeutig für einen besonders hohen Stellenwert der Internetnutzung über das Handy / Smartphone, womit deren vermutete Wichtigkeit bestätigt ist. In der JIM-Studie 2012 besaßen 83% ein internetfähiges Handy, jedoch verfügten nur 34% über eine Internetflatrate (vgl. Medienpädagogischer Forschungsverbund Südwest 2012, S. 54).
Zu den in der JIM-Studie abgefragten am meisten genutzten Apps, sind in F039 die Antwortmöglichkeiten »Apps für gleichgeschlechtliche Kontakte« und »Apps für sexuelle Kontakte« entsprechend der Zielgruppe sowie »andere« ergänzt worden. Im Bereich der Apps für gleichgeschlechtliche Kontaktmöglichkeiten wurde eine hohe Nutzung vermutet. Solche Apps stehen bei den Befragten Jugendlichen auf Platz sieben (von 13) und stellen mit 38% eine durchaus wichtige Funktion dar.

In Anbetracht dessen, dass die Ergebnisse von App-Besitzern in der JIM-Studie dargestellt sind, sind die deutlichen Unterschiede diesmal nicht auf die unterschiedliche Verbreitung der Smartphones zurückzuführen. Es lässt sich eine andere Nutzung der Apps dokumentieren, deren Unterschiede deutlich erkennbar sind. So steht die Nutzung von Apps für Online-Communities bei allen Zielgruppen (LSB-Jugendliche gesamt, LSB-Jugendliche bis 19-Jährige, sowie JIM-Jugendliche) an erster Stelle, doch nutzen in der vergleichbaren Altersgruppe der bis 19-Jährigen 72% der LSB-Jugendlichen diese Apps, das sind 16% mehr als bei den JIM-Jugendlichen. Während bei den LSB-Jugendlichen das Nutzen von Musik-Apps an zweiter Stelle steht, positioniert sich diese App bei den JIM-Jugendlichen auf Platz fünf, mit einem Unterschied von 58 Prozentpunkten. Ein ähnlich großer Unterschied ist bei der Nutzung von Browsern zum Surfen im Internet, sowie den Apps zur Foto- und Bildbearbeitung zu erkennen, diese belegen Platz drei und vier bei den LSB-Jugendlichen und Platz sechs und sieben bei den JIM-Jugendlichen, mit 57 und 49 Prozentpunkten Unterschied. Während die Instant-Messenger bei den JIM-Ergebnissen auf Platz zwei und den LSB-Jugendlichen auf Platz sechs stehen, liegen nur 7 Prozentpunkte Unterschied zwischen der Nutzung durch die beiden Zielgruppen, so dass diese App bei beiden Adressaten zwar gleich viel genutzt wird aber dennoch eine andere Beliebtheit aufweist. Die Einzige App die von den JIM-Befragten mehr genutzt wird als von den LSB-Befragten, sind Spiele-Apps mit einem geringfügigen Unterschied von 4 Prozentpunkten.

Ohne die jeweiligen Unterschiede ausführlich zu interpretieren, lassen sich die aufgestellten Vermutungen, dass LSB-Jugendliche das Internet und digitale Medien mehr und anders nutzen, um Kontakt zu anderen aufzubauen (Nutzung von Community-Apps) und nach Informationen zu recherchieren (Nutzung von Internetbrowsern), auch im Punkt der Handynutzung bestätigen. Sowohl die Ergebnisse über die beliebtesten Apps auf dem Handy (Abbildung 35), als auch diejenigen zu den am meisten genutzten Funktionen (Abbildung 36), weisen Unterschiede zwischen den Zielgruppen JIM-Jugend und LSB-Jugend nach.

Ebenfalls lässt sich bei den bis 19-Jährigen in beiden Punkten eine deutlich intensivere Nutzung dieser Apps und Funktionen erkennen, als bei den älteren Befragten.

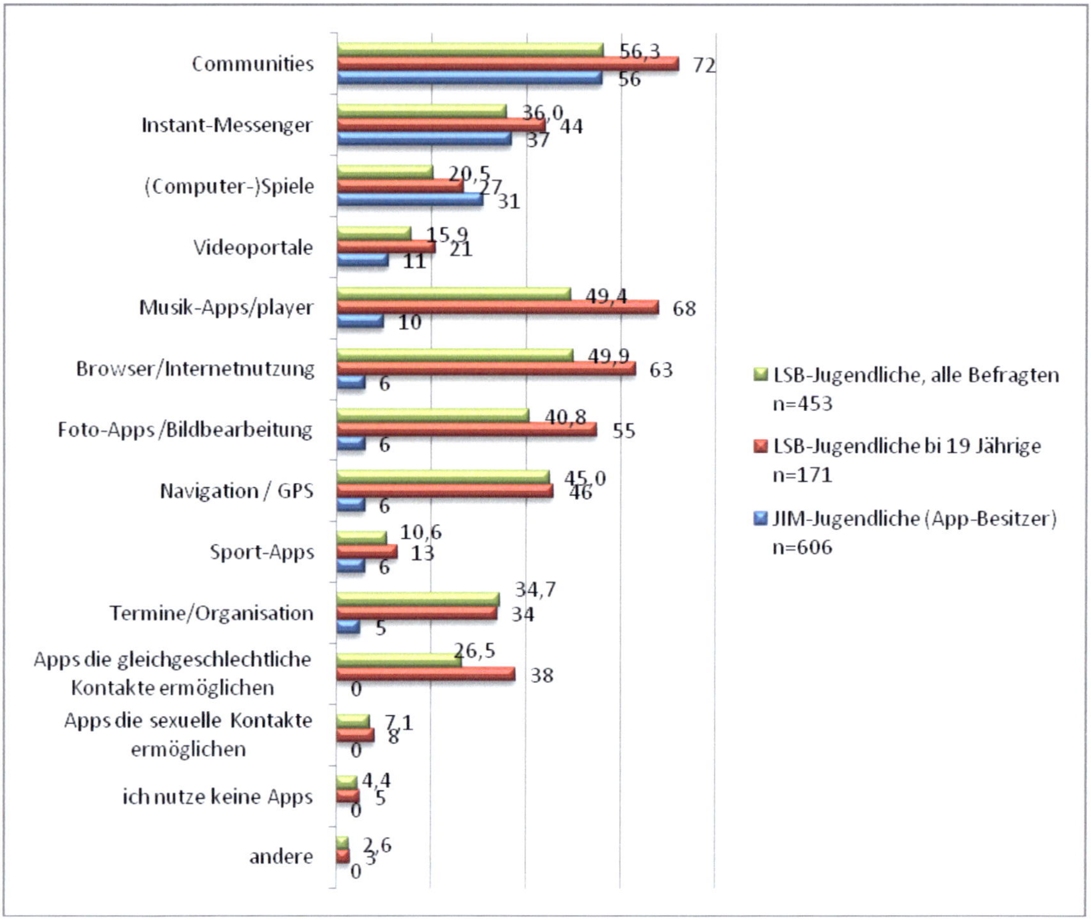

Vergleichende Darstellung der Ergebnisse:
Frage: (F039)
Basis:
JIM-Studie 2012, Besitzer von Apps n=606,
aktuelle Befragung bis 19 Jährige, n=171,
alle Befragte n=453,
Angaben in Prozent.

Abbildung 35 Die wichtigsten Apps auf dem Smartphone

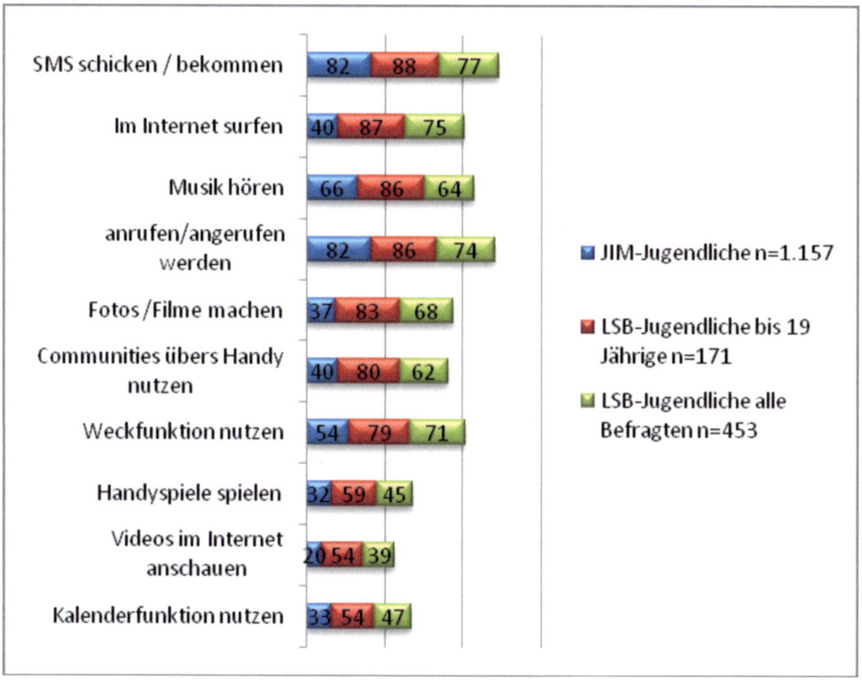

Vergleichende Darstellung der Ergebnisse:

„Nutzung verschiedener Handyfunktionen“

Frage: (F040)

Basis:

JIM-Studie 2012, Handy- und Smartphone-Besitzer,

aktuelle Befragung,

Angaben in Prozent.

Abbildung 36 Nutzung verschiedener Handyfunktionen

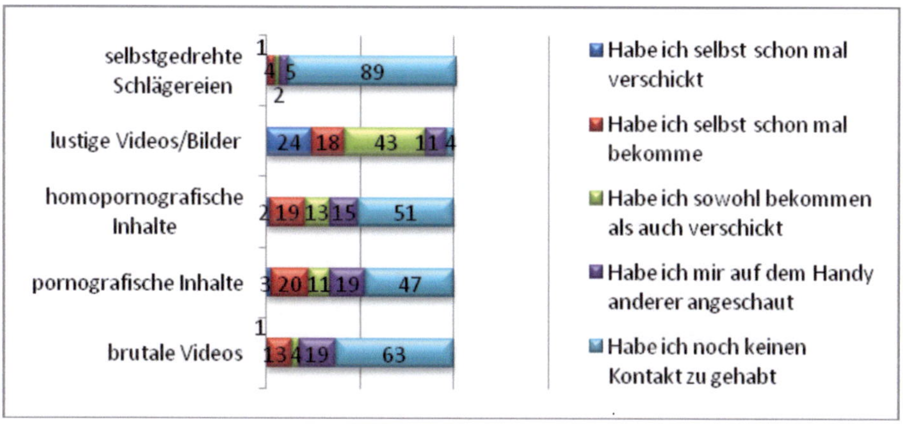

Darstellung der Ergebnisse:

Frage: (F041)

Basis:

aktuelle Befragung bis 19 Jährige n=171,

Angaben in Prozent.

Abbildung 37 Missbräuchliche Handynutzung

Die Ergebnisse der JIM-Studie 2012 stellen nur das Wissen der Befragten dar, dass brutale oder pornografische Videos per Bluetooth versendet werden können (68%), Freunde von ihnen schon einmal so etwas bekommen haben (19%) oder sie selbst solche Videos erhalten haben (4%). Es wurde nicht danach gefragt, ob sie selbst derartige Videos verschickt haben. F041 listete die verschiedenen Antwortmöglichkeiten »habe ich selbst schon verschickt«, »habe ich schon mal bekommen«, »habe ich sowohl bekommen als auch verschickt«, »habe ich mir auf Handys anderer angeschaut« sowie »habe ich noch keinen Kontakt dazu gehabt«, auf. Dazu wurden die Inhalte der Videos in einem erweiterten Spektrum abgefragt. Die Ergebnisse zeigen, dass die Mehrzahl der bis 19-Jährigen noch keinen Kontakt mit pornografischen oder brutalen Videos, bzw. zu selbstgedrehten Schlägereien hatte. Im Vergleich zu den Ergebnissen der JIM-Studie 2012 haben deutlich mehr von ihnen jedoch brutale oder pornografische Videos selbst bekommen (JIM : LSB / 4% : 16,5%). Die Vermutung, dass die Nutzung und Verbreitung von pornografischem Material wahrscheinlicher als die Nutzung und Verbreitung von gewalttätigen oder gewaltdarstellenden Inhalten ist, zeigt sich nur bedingt als bestätigt. So wurden brutale Videos im selben Umfang auf anderen Handys angeschaut wie pornografische, jedoch besteht ein großer Unterschied zu den selbstdokumentierten Schlägereien. Hier zeigt sich auch ein großer Unterschied zu den in der JIM-Studie 2012 befragten Jugendlichen, von denen 27% der Befragten schon einmal erlebt haben, wie reale Schlägereien mit dem Handy gefilmt wurden (vgl. Medienpädagogischer Forschungsverbund Südwest 2012, S. 57). In der Zielgruppe der LSB-Jugendlichen gaben 89% an, keinen Kontakt damit gehabt zu haben.

6.8 Fragenblock 8: Technische Kompetenzen

Aufgrund des enormen Umfangs der Befragung sind die zu Beginn geplanten Fragen »Medienkompetenzvermittlung in der Schule« (F042) und »Ergebnisse der Medienkompetenzvermittlung in der Schule« (F043) gestrichen worden, da sie keine bedeutenden Aussagen über Unterschiede in den Zielgruppen hervorgebracht hätten. F044 fragte nach dem was Jugendliche können und welche Tätigkeiten sie häufig ausüben. Auffällig und anders als erwartet ist, dass in fast allen abgefragten Bereichen die Ergebnisse der LSB-Jugendlichen deutlich über denen der JIM-Studie 2012 liegen. Dieses spricht dafür, dass die LSB-Jugendlichen dem Bereich Umgang mit digitalen Medien und Internet eine höhere Bedeutung zusprechen und sie durch ihren aktiven Umgang mit diesen Medien und ihrer häufigen Internetnutzung über deutlich mehr Kompetenzen in diesen Bereichen verfügen als die JIM-Jugendlichen. Ebenfalls wird hier das Verhalten von LSB-Jugendlichen offenbar, die sich zurückziehen und in ihrer so gewonnenen freien Zeit mehr mit Medien beschäftigen. Mehr Zeit in der Auseinandersetzung und der Beschäftigung mit den Medien führt dementsprechend auch zu einem Kompetenzgewinn. Die Bereiche »Arbeitsspeichererweiterung«, »Installation von Netzwerkkomponenten« sowie »Festplattenpartitionierung« stellen alltägliche Bereiche dar, die keine besondere Bedeutung für die Lebenswelt von Jugendlichen mit homosexueller Orientierung haben, das zeigt sich auch an den geringen Unterschieden zu den Ergebnissen der Vergleichsgruppe. Bereiche wie »sich auf Internetseiten anmelden«, »Cookies löschen«, »Nachrichten und Kontakte bestimmter Leute blockieren« stellen durchaus für ihre Lebenswelt relevante Aufgaben dar, so dass der erkennbare Kompetenzunterschied durchaus in dem Mediennutzungsverhalten und den Lebenssituationen von jungen Lesben, Schwulen und Bisexuellen zu begründen ist.

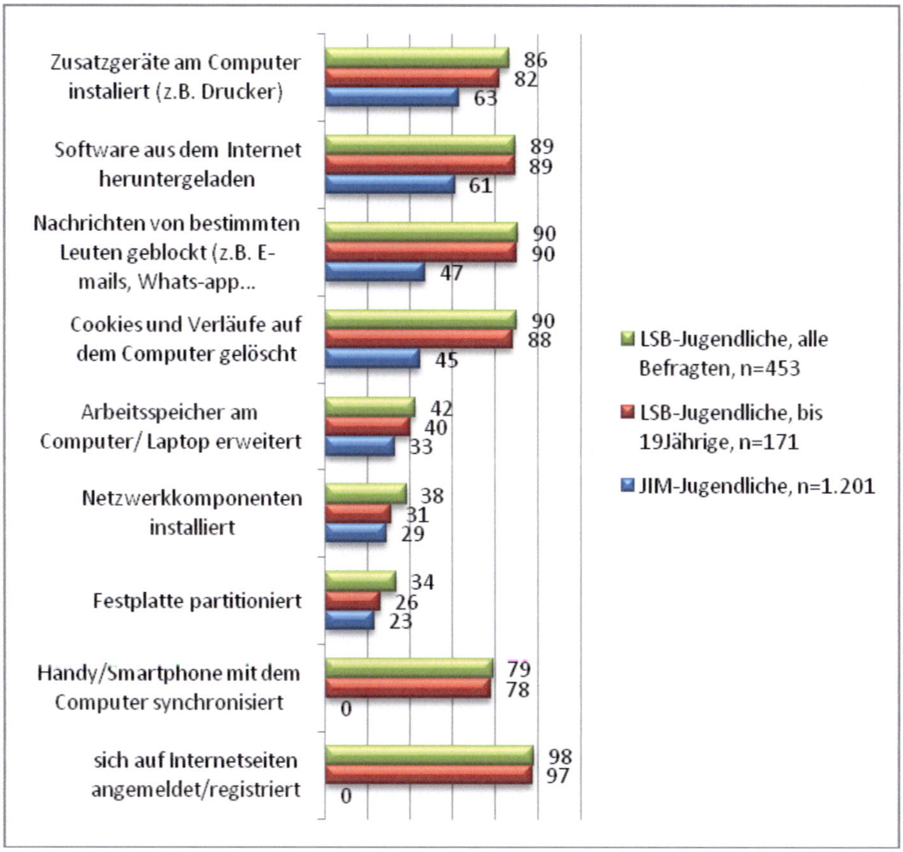

Darstellung der Ergebnisse:

Frage: (F044)

Basis:

aktuelle Befragung bis 19 Jährige n=171,

Angaben in Prozent.

Abbildung 38 Technische Kompetenzen, »habe ich schon mal gemacht«

6.9 Fragenblock 9: Bedeutung digitaler Medien

Von den in dieser Studie befragten Jugendlichen gaben 40% an, schon einmal miterlebt zu haben, wie jemand im Bekanntenkreis über das Internet »fertig gemacht« wurde, bei den bis 19-Jährigen waren es 55%, bei den JIM-Jugendlichen hatten 23% der Befragten Cybermobbing im Bekanntenkreis erfahren. Tendenziell sind LSB-Jugendliche öfter mit solchen Attacken konfrontiert, denn es ist davon auszugehen, dass die Bekannten bei denen dieses erlebt wurde, ebenfalls homosexuell veranlagt sind. Die jüngere Zielgruppe ist häufiger von Mobbing im Internet betroffen als die der älteren Befragten. Weitere 27% der Probanden (38% bei den bis 19-Jährigen) erklärten, selbst schon einmal so etwas erlebt zu haben. Bei 37% (aller) und 38% (der bis 19-Jährigen) war die sexuelle Orientierung der Grund. 6% aller Befragten gaben zu, selbst schon einmal Täter in diesem Bereich gewesen zu sein, diese Zahl verdoppelt sich bei den bis 19-Jährigen. 28% (aller) und 30% (der bis 19-Jährigen) haben aus der Opferrolle nach eigenen Diskriminierungserfahrungen heraus so gehandelt. Cybermobbing findet in der Zielgruppe der bis 19-Jährigen häufiger stattfindet als in der Zielgruppe der Älteren. Das unterstreicht für diese Zielgruppe dementsprechend die Wichtigkeit der Vermittlung von Bewältigungsstrategien zum Umgang mit Cybermobbing, sowohl zur Verarbeitung erlebter als auch selbst durchgeführten aggressiven Verhaltens im Internet. Vor allem unter dem Aspekt, dass Opfer auch in diesem Kontext schnell zu Tätern werden (können).

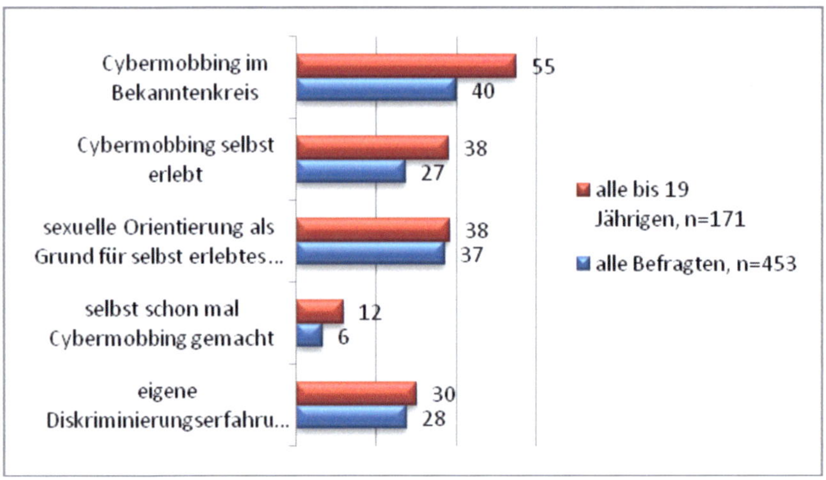

Darstellung der Ergebnisse:

Frage: (F045)

Basis:

aktuelle Befragung, Angaben in Prozent.

Abbildung 39 Cybermobbing

Anders als im Vorfeld der Studie vermutet, gehen nur 48% der homosexuell orientierten Jugendlichen von einer unterschiedlichen Mediennutzung (Internet, Computer, Smartphone, etc.) von LSB-Jugendlichen im Vergleich zu den Hetero-Jugendlichen aus. Auf einer Viererskala konnte hier abgestuft von »Ja, sehr sogar« bis »nein, überhaupt nicht« geantwortet werden. Die Mehrheit der Befragten, also 52% glauben, dass es keine Unterschiede gibt. Über die Ursachen für dieses knappe Ergebnis kann nur spekuliert werden. So könnte ein Grund sein, dass es oftmals mit Schwierigkeiten verbunden ist, sich und sein Verhalten selbst zu beurteilen oder es mit dem anderer Personen zu vergleichen. Der unbewusste Wunsch, so „normal" wie die anderen zu sein und sich nicht zu unterscheiden, kann ebenfalls eine Begründung sein.

Dagegen wird die Wichtigkeit von Computern, Internet und digitalen Medien in Bezug auf den Prozess des Coming-Out und des Findungsprozesses der sexuellen Orientierung mit 83% in der Hälfte des »sehr wichtig/wichtig« eingestuft.

Das Internet und digitale Medien werden von 15% der Befragten ausschließlich für Inhalte in Anspruch genommen, die nichts mit Homosexualität und Coming-Out zu tun haben, 24% der Befragten verwenden diese dagegen genau für solche Inhalte und die restlichen 62% nutzen sie für beide Bereiche gleichermaßen. Auch in diesen Ergebnissen zeigt sich der hohe Stellenwert von Internet und digitalen Medien im Zusammenhang des Coming-Out. Im Bereich der Communities und Foren gestalten sich die Ergebnisse ähnlich. 26% der Befragten nutzen nur solche Foren und Communities, die nicht im Kontext von Homosexualität stehen, 23% dagegen nur in solchen, die verbleibenden 51% tun dies für beide Bereiche gleichermaßen. Die enorm hohe Bedeutung der Kontaktaufnahme zu Gleichgesinnten über diese Foren und Communities für LSB-Jugendliche ist somit eindeutig bestätigt.

7 Zusammenfassung der Unterschiede zwischen LSB- und Hetero-Jugendlichen

Aus den theoretischen Zusammenhängen zu dieser Thematik wurden im Kapitel 2 (S. 22) die Thesen aufgestellt, dass Jugendliche mit homosexueller oder bisexueller Orientierung Medien anders und in spezifischerer Weise als heterosexuelle Jugendliche nutzen und dabei sowohl beim Medienbesitz als auch deren Nutzung Unterscheidungsmerkmale zu vermuten sind. In diesem Kontext wird dem Zugang zum Internet und dessen Nutzung von LSB-Jugendlichen eine sehr hohe Bedeutung zugesprochen, Recherche und Kontaktaufnahme sind bci diesen Jugendlichen handlungsleitende Motive. Darüber hinaus stellen Online-Communities, (vor allem diejenigen die eine Kontaktaufnahme zu Gleichgesinnten ermöglichen) einen wesentlichen Aspekt der Mediennutzung der LSB-Jugendlichen dar, welche mehr Zeit im Internet verbringen als heterosexuelle Jugendliche, begleitet von der Tatsache, dass sie zudem auch weniger Zeit mit Freunden und Familie verbringen.

Um diese Thesen zu überprüfen, wurden die Ergebnisse der JIM-Studie 2012, die überwiegend von heterosexuellen Jugendlichen erhoben wurden (die Wahrscheinlichkeit einer nicht signifikanten Datenmenge auch von homosexuellen und bisexuellen Jugendlichen in dieser Studie wurde in der Einleitung (S. 6) bereits erörtert) mit 453 Ergebnissen der dazu durchgeführten Onlinebefragung von LSB-Jugendlichen in einer deskriptiven Analyse verglichen und auf bestehende Unterschiede interpretiert. Zusammenfassend lassen sich diese Unterschiede wie folgt darstellen:

- Mehr LSB-Jugendliche besitzen Geräte zur Internet-Nutzung wie Computer/Laptop/Smartphone
- Mehr LSB-Jugendliche besitzen Geräte zur zurückgezogenen Freizeitgestaltung wie Fernseher, DVD Player, feste Spielekonsole.
- Non-mediale Freizeitaktivitäten die alleine gestaltet werden können, sind bei LSB-Jugendlichen beliebter als solche, die mit anderen zusammen ausgeübt werden. Deutlich weniger LSB-Jugendliche treffen sich regelmäßig mit Freunden oder unternehmen Familienaktivitäten als Hetero-Jugendliche.
- Sportliche Aktivitäten sowie die Zugehörigkeit zu Sportvereinen sind bei LSB-Jugendlichen auffällig seltener als in der Vergleichsgruppe. Dagegen lässt sich ein leichter Trend für mehr politisches und soziales Engagement erkennen.

- LSB-Jugendliche beurteilen zu einem höheren Prozentanteil die Nutzung des Internets als wichtig, auch wenn dieses bei ihnen nicht an erster Stelle bei der Bewertung von Medien steht.
- Während Hetero-Jungen deutlich häufiger PC- und Videospiele spielen als es die SB-Jungen tun, so lesen diese häufiger Bücher als es die Hetero-Jungen machen.
- Deutlich weniger LSB- als Hetero-Jugendliche erachten Tageszeitung, Fernsehen und Radio bei unterschiedlicher Berichterstattung als glaubwürdig, dem Internet sprechen offensichtlich mehr von ihnen die Glaubwürdigkeit zu, als es die Vergleichsgruppe tut, dennoch steht bei beiden Gruppen die Tageszeitung im Punkt Glaubwürdigkeit an erster Stelle.
- Während Hetero-Jungen durchschnittlich 133 Minuten am Tag im Internet verbringen, sind es bei den SB-Jungen 289 Minuten im Durchschnitt. Bei den Hetero-Mädchen ist kein signifikanter Unterschied zu den Hetero-Jungen festzustellen, mit 130 Minuten durchschnittlicher Internetnutzung liegen sie aber ebenso klar unter den Ergebnissen der LB-Mädchen, die mit 235 Minuten aber auch einen großen Unterschied zu den Jungen ihrer Zielgruppe aufweisen.
- LSB-Jugendliche nutzen das Internet auffallend stärker in den Bereichen Kommunikation (+38PP), Informationssuche (+16PP) und Unterhaltung (+25PP) als die Hetero-Jugendlichen. Ein deutlicher Geschlechterunterschied ist in der Zielgruppe der LSB-Jugendlichen zu erkennen.
- Die mediale Freizeitgestaltung der LSB-Jugendlichen unterscheidet sich durchaus von der der Hetero-Jugendlichen und bestätigt die Annahme, dass durch einen im Coming-Out bedingten Rückzug in die Isolation digitale Medien und Internet in spezifischerer Weise, auch zur Gestaltung des so erlebten Alleinseins genutzt werden, während Hetero-Jugendliche mit Freunden und in ihren Cliquen unterwegs sind.
- Es ist klar erkennbar, dass LSB-Jugendliche eine hohe Aktivität in zielgruppenspezifischen Online-Communities aufweisen, die mit der Suche nach Gleichgesinnten begründet werden kann.
- LSB-Jugendliche nutzen Online-Communities vermehrt um nach neuen Kontakten zu suchen, die männlichen machen dieses mit 46,3% häufiger als die weiblichen. Außerdem sind sie mit deutlich weniger Freund*innen vernetzt als es die Hetero-Jugendlichen sind. Dies spricht für die Annahme, dass sich die LSB-Jugendlichen von ihrem sozialen Umfeld distanzieren und erst einen eigenen Freundeskreis von Gleichgesinnten aufbauen müssen.

- LSB-Jugendliche neigen nach durchlebtem äußeren Coming-Out gelegentlich zu Extrovertiertheit und Kompensationsverhalten (zu der erlebten Zeit in der sie die sexuelle Identität unterdrückt haben) und dies führt zu einem freizügigeren Umgang mit persönlichen Informationen. So unterscheiden sich die LSB- von den Hetero- als auch die geouteten von den nicht geouteten Jugendlichen.
- Im Vergleich zu den JIM-Jugendlichen haben die LSB-Jugendlichen eine intensivere Nutzung des Internets sowie verschiedener Apps und Funktionen mit ihren Handys und Smartphones. Das Surfen im Internet aber auch das Nutzen von Communities stellen wichtige Bestandteile ihrer Nutzung dar. Auch die Nutzung von Videos, sowohl mit lustigen als auch mit gewalttätigen oder pornografischen Inhalten spiegelt sich in dieser aktiveren Handynutzung wider. Jedoch haben LSB-Jugendliche deutlich weniger Bezug und Kontakt zu selbst gefilmten Schlägereien, als die Hetero-Jugendlichen.
- Die Befragten LSB-Jugendlichen verfügen öfter über mehr technische Kompetenzen in den Bereichen, die eine ihrer Lebenswelt entsprechenden Medien- und Internetnutzung ausmachen.
- LSB-Jugendliche, vor allem in der jüngeren Zielgruppe erleben häufiger selbst und auch im Bekanntenkreis Cybermobbing als es Hetero-Jugendliche tun. Es zeigt sich auch eindeutig die Tendenz, dass erlebte Diskriminierungserfahrungen dazu führen, dass Opfer zu Tätern in diesem Bereich werden.

Die aus dem Vergleich der Ergebnisse (JIM-Studie 2012 und der hier vorliegenden LSB-Befragung) gewonnenen Erkenntnisse spiegeln deutlich wider, dass die aufgestellten Thesen zutreffend sind. Sowohl der Medienbesitz als auch die -nutzung der beiden Zielgruppen unterscheidet sich. Die Suche nach Kontakten zu Gleichgesinnten stellt den wohl wichtigsten Aspekt (insbesondere für SB-Jungen) bei den LSB-Jugendlichen dar. Dementsprechend werden Online-Communities sowohl in der Häufigkeit, als auch in der Angebotsbreite auffällig stärker genutzt. Eine damit zusammenhängende tägliche bzw. wöchentliche Nutzungszeit des Internets liegt erkennbar über der der Vergleichsgruppe. Die Distanzierung von der Familie als auch vom sozialen Umfeld ist bei den LSB-Jugendlichen sichtbar. Die Wichtigkeit digitaler Medien und der Internetnutzung sind durch die klaren Unterschiede in den Ergebnissen belegt.

8 Fazit

Zielsetzung dieser Studie war es, Erkenntnisse darüber zu erlangen, ob sich die Mediennutzung von LSB-Jugendlichen zu der der Hetero-Jugendlichen unterscheidet. Die Vermutung, dass dies der Fall ist, ließ sich aus wissenschaftlichen Bezügen ableiten, jedoch wurde bisher das Mediennutzungsverhalten von Jugendlichen noch nicht im Hinblick auf die sexuelle Orientierung hinreichend empirisch untersucht. Erschwert wurde diese Untersuchung durch die Tatsachen, dass zum einen die Fragestellungen der Vergleichsstudie (JIM 2012) nicht zur Verfügung standen und aus veröffentlichten Ergebnissen rekonstruiert werden mussten, und zum anderen die Grundgesamtheit von schwulen, lesbischen und bisexuellen Jugendlichen nicht bekannt ist und somit keine repräsentativen Stichproben gezogen werden konnten. Über die zielgruppenorientierte Veröffentlichung der Onlinebefragung in LSB-Community bezogenen Kontexten standen der Verlauf und das Resultat der Befragung zunächst offen und erbrachten eine (fast willkürliche) Zusammensetzung von 453 Ergebnissen. Die Willkür lag dabei nicht auf der Seite des Autors dieser LSB-Befragung (der Probanden ausgesucht hat), sondern vielmehr auf der Seite der Teilnehmenden, die sich für oder gegen eine Teilnahme an der Befragung entschieden hatten. Daher können die Ergebnisse nicht als repräsentativ betrachtet werden, was allerdings auch nicht beabsichtigt war. Die gewonnenen Erkenntnisse sollten Trends abbilden, die zum einen die aufgestellten Thesen als zutreffend belegen, um damit zum anderen dann besser beurteilen zu können, inwieweit diese Thematik von wissenschaftlicher Bedeutung ist. Da wie das Kapitel 7 dargestellt hat, die Trends für eine unterschiedliche Mediennutzung in den verglichenen Zielgruppen deutlich erkennbar sind, muss nun die Frage beantwortet werden, welchen Nutzen sowohl die wissenschaftliche Forschung als auch die Arbeitsfelder Medienpädagogik und Jugendarbeit von diesen Ergebnissen haben.

Um aus wissenschaftlicher Sicht repräsentative Daten zu erlangen, müsste eine erneute Durchführung der Befragung erfolgen, bei der die im Kapitel 6 benannten Unterschiede angeglichen werden. Jedoch scheint es sinnvoller die sexuelle Identität als Bezugsgröße in die JIM-Studie dauerhaft zu integrieren. Dass diese ein wichtiges Unterscheidungsmerkmal in der Mediennutzung darstellt, hat die hier vorliegende Untersuchung gezeigt.

Da LSB-Jugendliche sehr viel Zeit im Internet verbringen, kommt diesem Medium eine hohe Bedeutung zu. Bestehende Angebote im Internet sollten optimiert und zielgruppenspezifischer ausgerichtet werden. Mit einer jeden Mediennutzung gehen Kompetenzerwerb und Lernprozesse einher, ob diese nun bewusst initiiert sind oder nicht. Die Vielzahl von bestehenden Angeboten[21] für Lesben und Schwule im Internet ist keineswegs ein Garant dafür, dass bei diesen Quantität und Qualität (Informationsgehalt, pädagogischer Wert, Zielgruppenorientierung) im rechten Maße vorliegen. Was brauchen die LSB-Jugendlichen wirklich und welche Rolle übernehmen digitale Medien und das Internet bei der Entwicklung ihrer sexuellen Orientierung und ihrer persönlichen Identität? Im Fokus dieser Frage gewinnen die erzielten Ergebnisse eine besondere Relevanz für den Bereich der Medienpädagogik. Zum einen, um zu beurteilen, ob LSB-Jugendliche und junge Erwachsene einen reflektierten und kritischen Umgang mit Medien praktizieren (Medienerziehung) und zum anderen, um die Bedeutungen und Funktionen die Medien in dem Lernprozess, der die Identitätsentwicklung von LSB-Jugendlichen begleitet, einnehmen (Mediendidaktik), zu beurteilen (vgl. Kerres 2012, S. 37). Die Mediendidaktik ist „in einem konkreten Vorhaben von Erkenntnissen [...], die in anderen Bereichen entwickelt werden [abhängig]." (Kerresa.a.O., S. 42)

„Ein Lernprogramm zur Physik in der Grundschule werden wir beispielsweise nur entwickeln können, wenn wir uns damit beschäftigen, wie man Themen der Physik vermittelt und welche besonderen Rahmenbedingungen an der Grundschule herrschen.“ (Kerres ebd.)

So ist es erforderlich, wenn Medien im Sinne von Lernangeboten für LSB-Jugendliche entwickelt und von diesen genutzt werden sollen, dass sich diese an ihren Bedürfnissen und Lebenssituationen orientieren. Dementsprechend repräsentiert diese Arbeit sowohl die Belange als auch die Lebenslagen von LSB-Jugendlichen.

Da die Medienpädagogik sozialpädagogische und sozialkulturelle Überlegungen zur kulturellen Entfaltungsmöglichkeit sowie den persönlichen Entwicklungschancen von Jugendlichen und jungen Erwachsenen beinhaltet (vgl. Baacke 1997, S. 5), ist sie ebenso im Bereich der LSB-Jugendlichen gefordert, um im Kontext der Coming-Out orientierten Mediennutzung dazu beizutragen, dass diese Jugendlichen ihren Bedürfnissen entsprechend, unter Zuhilfenahme digitaler Medien und Internet, ihre Identität entwickeln können. Michael Kerres nimmt Bezug zu Wolfgang Klafki und stellt zusammenfassend dar: „Ziel von Bildung ist dann ganz abstrakt die Befähigung der Lernenden zur Selbstbestimmung, zur Solidarität mit anderen und zur Mitbestimmung.“ (Kerres 2012, S. 46)

Auf welchen Bereich könnte dieses zutreffender formuliert sein, als auf die Identitätsentwicklung von Jugendlichen, die sich in einer heteronormativ geprägten Gesellschaft als »unnormal« und »unerwünscht« fühlen aber sich dennoch in diese Gesellschaft integrieren und in ihr etablieren wollen - und dieses auch müssen. In dieser Arbeit wurde der Versuch unternommen, die bedeutende Rolle von digitalen Medien

[21] Der Suchbegriff Homosexualität bringt bei Google aktuell ca. 963..000 Treffer. (Stand 26.10.2014)

und Internet im Prozess des Coming-Out und bei der Gestaltung von vielfältigen Lebensentwürfen der LSB-Jugendlichen aufzuzeigen.
Nun gilt es weiterhin zu erkennen, dass im Bereich von wissenschaftlichen Diskursen zum Medienumgang von Jugendlichen, die sexuelle Orientierung eine weitere wichtige Komponente darstellt und Medien (vor allem das Internet) zielgerichtet(er) gestaltet werden müssen, um LSB-Jugendlichen in ihrem Coming-Out adäquate Informationen, Begleitung und Problemlösungen zu bieten und sie darüber hinaus zur Selbstentwicklung und Partizipation in der Gesellschaft zu befähigen. „Medienkompetenz bezieht sich [...]nur scheinbar auf ein Verhalten, das sich in der Nutzung von Mediengeräten zeigt, sondern auf das grundlegende Potenzial von Menschen, sich - mittels Medien - verständigen zu können.“ (Kerres a.a.O., S. 51)
Dementsprechend kommt der Vermittlung von Medienkompetenz eine weitere zentrale Bedeutung in dem Kontext der LSB-Jugendlichen zu. Auf der Seite der Medienpädagogik steht demnach die Vermittlung, auf der Seite der Jugendlichen die Entwicklung von Medienkompetenz, welche bei befähigten Mediennutzer*innen zur Identitätsbildung und Selbstdarstellung angewendet wird (vgl. Koubeck 2010, S. 20).
„Wenn man sich mit Jugendarbeit beschäftigt, ist es zwingend notwendig sich zunächst ausführlich mit den Lebensumständen der Zielgruppe zu beschäftigen.“ (Schrodt 2004, S. 5)
Dieses ist im Kapitel 2 ausführlich geschehen: Es wurden die Lebenssituationen von LSB-Jugendlichen und die Schwierigkeiten die sich im Coming-Out für sie ergeben dargestellt. Abschließend soll nun erörtert werden, welche Bedeutung die hier dargestellten Erkenntnisse für den Bereich der Jugendarbeit haben. Die Rolle von Medien ist im Kontext von Jugendarbeit ein gängiges Thema und Feststellungen wie: „das Bedürfnis nach Orientierung und sozialemotionalem Rückhalt suchen viele Jugendliche in den Medien“ (Schrodt a.a.O., S. 8) sind demnach nicht neu. Jedoch gewinnen diese Äußerungen für LSB-Jugendliche, die sich von der Familie und dem sozialen Umfeld distanzieren und sich somit in die Isolation zurückziehen, an zentraler Bedeutung, da sich für sie dementsprechend das Bedürfnis nach Orientierung und sozialemotionalem Rückhalt oftmals **nur** in den Medien Erfüllung finden kann. Aus dem Mediennutzungsverhalten der Jugendlichen sind ihre Bedürfnisse nach Orientierung, Bezugspersonen, Kontakten zu Gleichgesinnten und einem sozialemotionalen Rückhalt abzulesen (vgl. Schrodt a.a.O., S. 9), was aus den Ergebnissen dieser Untersuchung mehrfach hervorging. Dieses unterstreicht noch einmal die zentrale Bedeutung von digitalen Medien und dem Internet für LSB-Jugendliche in und nach ihrem Coming-Out.
Wird für die allgemeine Jugendarbeit formuliert, dass „für die Jugendlichen vor allem die Möglichkeit des Kontaktes zu und des Austausches mit Gleichaltrigen“ (Schrodt a.a.O., S. 11) wichtig und dieses zentrale Aufgabe der Jugendarbeit ist, so

stellen Kontakt und Austausch zu Gleichgesinnten einen fundamentalen Aspekt einer LSB orientierten Jugendarbeit dar. Dementsprechend ist es erforderlich, für die unterschiedlichen Bedürfnisse und Interessen der LSB-Jugendlichen entsprechende Angebote zu gestalten. Da die Recherche nach Informationen über das entdeckte »Anderssein« sich als ein wichtiger Aspekt der Mediennutzung der untersuchten Zielgruppe dargestellt hat, ist es wegweisend, gut verständliche, leicht aufzufindende und Selbstsicherheit gebende Informationen im Internet zu platzieren und zu präsentieren. Ein Informationsüberangebot von verschiedenen Einrichtungen ist wenig zielführend, die Kooperation der verschiedenen Akteure ist daher wünschenswert, um dieser Zielgruppe die Bedürfniserfüllung nach Orientierung und Informationen zu gewährleisten. Zu einer adäquaten Unterstützung der LSB-Jugendlichen vor Ort ist eine vernetzte Zusammenarbeit der in dem Feld der schwul-lesbischen Jugendarbeit tätigen Träger und Einrichtungen erforderlich. Das Internet als orts- und zeitunabhängiges Medium sollte dazu genutzt werden, einen zentralen Anlaufpunkt für Informationen aber auch Kontakte darzustellen und auf Vor-Ort-Strukturen zu verweisen jedoch nicht dazu führen, einen Rückzug in die Isolation zu begünstigen und zu verstärken. Die Organisation von Kontaktmöglichkeiten für homosexuelle Jugendliche wurde als Aufgabe der Jugendarbeit formuliert, um somit Begegnungen und Beziehungen mit anderen schwulen, lesbischen, oder bisexuellen Jugendlichen zu ermöglichen (vgl. Schrodt a.a.O., S. 18, vgl. auch Biechele 2001). Die Nutzung digitaler Welten stellt hier einen Ansatzpunkt dar, der im deutschsprachigen Raum bisher noch zu wenig Beachtung fand. Es gilt besonders den Jugendlichen ein Angebot zu bieten, die fernab von LSB-Jugendtreffs leben. Wo ungünstige Verkehrsanbindungen und ein evtl. noch nicht durchlebtes Coming-Out Hemmnisse der Kontaktaufnahme zu anderen Jugendlichen in bestehenden Jugendtreffs darstellen, können virtuelle Räume als Kompensation betrachtet werden. Die Ergebnisse der vorliegenden Untersuchung (vgl. Kapitel 6.6) haben chatten als häufigste Tätigkeit in Online-Communities aufgezeigt, stellten eine zeitgleiche Kommunikation via Skype als seltener ausgeübt, aber deutlich beliebter dar. An diesen Trends sollte sich die schwul-lesbische Jugendarbeit orientieren. Der peer-to-peer Ansatz bekommt hier ebenfalls eine zentrale Bedeutung. Von LSB-Jugendlichen für LSB-Jugendliche. Dieses kann weitere Differenzierungen nach Geschlecht oder Altersgruppen, aber auch nach Themenbereichen (inneres oder äußeres Coming-Out) erfahren. Beispielhaft in diesem Kontext zu erwähnen ist die E-Mail Beratung von Jugendlichen für Jugendliche »anyway4u«[22] des 1998 in Köln eröffneten Jugendzentrums für lesbische, schwule und bisexuelle Jugendliche »anyway« (erstes und größtes LSB-Jugendzentrum in Europa). Hier können sich Ratsuchende per E-Mail an ein Bera-

[22]http://www.anyway-koeln.de/jugendliche/das-anyway/team-anyway4u.php (abgerufen 22.09.2013)

ter*innen-Team wenden, die Beratenden sind ebenfalls aus der Zielgruppe der LSB-Jugendlichen (Alter 17 – 27 Jahren). In gleicher Art und Weise könnten Angebote für Chatkontakte und Videotelefonie seitens der Einrichtungen entwickelt werden. So wäre Informationsvermittlung, Beratung und Kontaktaufnahme zu Jugendlichen aber auch zu pädagogischen Mitarbeiter*innen gewährleistet. Die Suche nach Kontakten zu Gleichgesinnten in der Gleichaltrigengruppe ist ebenfalls ein zentraler Aspekt der Mediennutzung der befragten LSB-Jugendlichen. Diverse kommerzielle[23] Angebote bieten durchaus eine vielversprechende Palette auf unterschiedliche Bedürfnisse zugeschnittener Internetpräsenzen und Online-Communities. Diese sind aber oftmals dem Mainstream der vermeintlich schnellen Kontaktmöglichkeit sowie der Vermittlung von szenetypischen und oft marketingorientierten Bezugspunkten und Orientierungsgrößen unterworfen. Die Grenzen zu sexuellen oder auch pornografischen Inhalten sind oft verwischt. Diesem Bereich der Mediennutzung sollte sich die LSB-orientierte Jugendarbeit widmen. Seriöse Informations- und Beratungsangebote, die auch per Online-Chat, oder Online-Telefonie gestaltet werden sollten, wären ein verlässlicher Anlaufpunkt für die Ratsuchenden. In den Online-Communities vertretene (vor allem als solche zu erkennende) Ansprechpartner*innen der vor Ort ansässigen Jugendtreffs kann zudem Berührungs- und Kontaktängste mindern.
Konzipierte Angebote mit dem Fokus der Nutzung von digitalen Medien und dem Internet müssen sich wie herkömmliche Angebote nach den Kriterien der »Alltags- und Lebensweltorientierung«, der »biografischen Orientierung«, des »Empowerments« sowie der »Millieubildung und Netzwerkorientierung« richten (vgl. Schrodt 2004, S. 21–28). Mit einer Alltags- und Lebensweltorientierung soll sichergestellt werden, dass die Bedürfnisse der Adressatengruppe in ihrer aktuellen Lebenssituation erkannt und beachtet werden. Die Alltagssituationen und Lebenslagen von LSB-Jugendlichen wurden in Kapitel 2 dargestellt. Wesentliche Kernaspekte sind das zur Verfügungstellen von Informationen und die Gewährleistung von verlässlichen Kontaktmöglichkeiten, um somit dem Rückzug in die Isolation entgegenzuwirken. Einer individuellen Lebensgestaltung soll die Biografie-Orientierung Rechnung tragen. Besonderes Augenmerk liegt dabei auf der Wiederherstellung der Handlungsfähigkeit des Individuums, nach schwierigen und problematischen Lebenssituationen, damit die eigene Biografie wieder weiter gestaltet werden kann (vgl. Böhnisch 2012, S. 246). Erleben LSB-Jugendliche ihre Jugend oftmals problembehafteter als die gleichaltrigen Jugendlichen, sollen diese Probleme zwar durchaus in einer Biografie erkennbar sein, aber die (positive) Weiterentwicklung einer solchen nicht verhindern. LSB-Jugendliche leben in ihrer Lebenswelt und niemand wird daher die damit ver-

[23] Die Anmeldung erfolgt in der Regel kostenlos, kostenpflichtige Premiummitgliedschaften räumen aber mehr Funktionen und Optionen ein, darüber hinaus sind diese Communities von Werbung szenetypischer Produkte durchströmt.

bundenen Bedeutungen, Erfahrungen und Bedürfnisse besser kennen als sie selbst. Erforderlich ist es daher, diese Jugendlichen als Expert*innen ihrer Lebenswelt (vgl. Schrodt 2004, S. 25) zu betrachten. Dementsprechend stellt das »Empowerment« die Förderung der Ressourcen und Potentiale der Zielgruppe und des Individuums dar, damit diese für Selbstorganisation und Selbstwirksamkeit in der Lebensgestaltung genutzt werden können. Die »Millieubildung und Netzwerkorientierung« bietet als letztes den Zusammenhang von Kontakten und diskriminierungsfreien Schutzräumen, in denen LSB-Jugendliche Orientierung, Unterstützung und sozialemotionalen Rückhalt finden. Die unter diesen Gesichtspunkten von Mitarbeiter*innen der Jugendarbeit gestalteten Angebote im Internet können hochwertigere und verlässlichere Zugänge zu Informationen und Kontakten ermöglichen. Ein interdisziplinäres Zusammenwirken der Arbeitsfelder Medienpädagogik und LSB-Jugendarbeit ist dafür unumgänglich.

9 Abbildungsverzeichnis

10 Literaturverzeichnis

Albert, Mathias (Hg.) (2010): Jugend 2010. Eine pragmatische Generation behauptet sich. Shell Deutschland Holding GmbH. Orig.-Ausg. Frankfurt am Main: Fischer-Taschenbuch-Verl. (Shell-Jugendstudie, 16).

Baacke, Dieter (1997): Medienpädagogik. Tübingen: Niemeyer (1).

Barthelmes, Jürgen (2001): Funktionen von Medien im Prozess des Heranwachsens. Ergebnisse einer Längsschnittuntersuchung bei 13- bis 20-Jährigen. In: Media Perspektiven 5 (2), S. 84–89.

Barthelmes, Jürgen / Sander, Ekkehard (Hg.) (1997): Medien in Familie und Peer-group. Vom Nutzen der Medien für 13- und 14jährige. München: DJI, Verl. Dt. Jugendinstitut (1).

Biechele, Ulrich / Reisbeck, Günter / Keupp, Heiner (2001): Schwule Jugendliche: Ergebnisse zur Lebenssituation, sozialen und sexuellen Identität. Unter Mitarbeit von Ulrich Biechele / Günter Reisbeck / Heiner Keupp. Hg. vom niedersächsischen Ministerium für Frauen, Arbeit und Soziales

Böhnisch, Lothar (2012): Sozialpädagogik der Lebensalter. Eine Einführung. 6. Aufl. Weinheim [u.a.]: Beltz Juventa.

Deutscher Bundestag: Sozialgesetzbuch VIII. SGB 8.

Fiedler, Peter (2004): Sexuelle Orientierung und sexuelle Abweichung. Heterosexualität - Homosexualität - Transgenderismus und Paraphilien - sexueller Missbrauch - sexuelle Gewalt. Weinheim [u.a.]: Beltz PVU.

Gross, Dominik / Buchli, Gisep (Hg.) (2008): Normal - anders - krank? Akzeptanz, Stigmatisierung und Pathologisierung im Kontext der Medizin. Berlin: Med.-Wiss. Verl.-Ges. (2).

Hark, Sabine (2000): Kinder und Jugendliche an der Schwelle zum 21. Jahrhundert. Lesbische Mädchen - schwule Jungen. Neue Chancen - Alte Zwänge? Expertise zum 7. Kinder- und Jugendbericht der Landesregierung NRW. Hg. v. Ministerium für Frauen Jugend Familie und Gesundheit Landes Nordrhein-Westfalen. Düsseldorf.

Hartmann, Jutta / Klesse, Christian (2007): Heteronormativität. Empirische Studien zu Geschlecht, Sexualität und Macht - eine Einführung. In: Jutta Hartmann (Hg.): Heteronormativität. Empirische Studien zu Geschlecht, Sexualität und Macht. 1. Aufl. Wiesbaden: VS, Verl. für Sozialwissenschaften (10), S. 9–15.

Herzig, Bardo/ Grafe, Silke (2010): Digitale Lernwelten und Schule. In: Walber, Kai-Uwe / Hugger, Markus (Hg.): Digitale Lernwelten. Konzepte, Beispiele und Perspektiven. 1. Aufl. Wiesbaden: VS, Verl. für Sozialwissenschaften, S. 115–129.

Hoffarth, Florian (2009): Queer dating. Eine kontrastive Untersuchung von Kontaktanzeigen in Online-Magazinen für Schwule und Lesben. Duisburg: Univ.-Verl. Rhein-Ruhr.

Jugendgerichtsgesetz. JGG. Fundstelle: §1.Online verfügbar unter http://www.gesetze-im-internet.de/jgg/index.html#BJNR007510953BJNE017200319, zuletzt geprüft am 31.06.2013.

Kerres, Michael (2012): Mediendidaktik. Konzeption und Entwicklung mediengestützter Lernangebote. 3. Aufl. München: Oldenbourg Verl.

Klenk, Christian (2010): Macht und Einfluss der Medien in Deutschland. In: Ost-West. Europäische Perspektiven 11 (2), S. 85–96. Online verfügbar unter: http://www.owep.de/artikel/40/macht-und-einfluss-medien-in-deutschland zuletzt geprüft am 26.06.2013.

Klocke, Ulrich (2012): Akzeptanz sexueller Vielfalt an Berliner Schulen. Eine Befragung zu Verhalten, Einstellungen und Wissen zu LSBT und deren Einflussvariablen. Hg. v. Senatsverwaltung für Bildung Jugend und Wissenschaft. Universität Berlin. Berlin.

Kolanowski, Ulrike (2009): Wie Jugendliche ihre sexuelle Orientierung entdecken. Persönliche Geschichten einmal anders betrachtet. In: Watzlawik, Meike / Heine, Nora (Hg.): Sexuelle Orientierungen. Weg vom Denken in Schubladen. Göttingen: Vandenhoeck & Ruprecht GmbH & Co. KG, S. 102–163.

Koubeck, Jochen (2010): Jenseits von Bedienfertigkeiten: Selbstentfaltung und Persönlichkeitsrechte. In: Bundesministerium für Bildung und Forschung (Hg.): Kompetenzen in einer digital geprägten Kultur. Unter Mitarbeit von Heidi Schelhoweetal., S. 19–20.

Lautmann, Rüdiger (Hg.) (1993): Homosexualität. Handbuch der Theorie- und Forschungsgeschichte. Frankfurt [u.a.]: Campus-Verl.

Leuphana Universität Lüneburg (2012): Medienkonsum von Schülerinnen und Schülern. Zusammenhänge mit Schulleistungen und Freizeitverhalten. Unter Mitarbeit von Peter Schumacher / Lutz Sieland / Bernhard Cramer / Ina Paulus. Lüneburg.

Medienpädagogischer Forschungsverbund Südwest(2011): JIM2011. Jugend, Information, (Multi-)Media. Basisuntersuchung zum Medienumgang 12- bis 19-Jähriger.

Medienpädagogischer Forschungsverbund Südwest (2012): JIM-Studie 2012. Jugend, Information, (Multi-)Media. Basisuntersuchung zum Medienumgang 12- bis 19-Jähriger.

Medienpädagogischer Forschungsverbund Südwest (2013): JIM-Studie. Hg. v. Medienpädagogischer Forschungsverbund Südwest. Online verfügbar unter http://www.mpfs.de/index.php?id=276, zuletzt geprüft am 26.06.2013.

MGEPA (2012): NRW-Aktionsplan für Gleichstellung und Akzeptanz sexueller und geschlechtlicher Vielfalt – gegen Homo- und Transphobie. Hg. v. Ministerium für Gesundheit Emanzipation Pflege und Alter des Landes Nordrhein-Westfalen. Duisburg. Online verfügbar unter http://www.mgepa.nrw.de/mediapool/pdf/emanzipation/lsbt/NRW_Aktionsplan_gegen_Homo-_und_Transphobie_20121031__2_.pdf, zuletzt geprüft am 11.09.2013.

Mikos, Lothar / Hoffmann, Dagmar / Winter, Rainer (Hg.) (2009): Mediennutzung, Identität und Identifikationen. Die Sozialisationsrelevanz der Medien im Selbstfindungsprozess von Jugendlichen. 2. Aufl. Weinheim und München: Juventa Verlag.

Pape, Thilo v. / Karnowski, Veronika / Wirth, Werner (2009): Identitätsbildung bei der Aneignung neuer Kommunikationsdienste. In: Mikos, Lothar / Hoffmann, Dagmar / Winter, Rainer (Hg.): Mediennutzung, Identität und Identifikationen. Die Sozialisationsrelevanz der Medien im Selbstfindungsprozess von Jugendlichen. 2. Aufl. Weinheim und München: Juventa Verlag; S. 21–38.

Schlote, Elke / Schreiner, Matthias (2010): Teenager, sexuelle Diversität und Fernsehen. Jugendliche mit und ohne homosexuelle Orientierung diskutieren Programme. In: Televizion 23 (2), S. 43.

Schmidt, Gunter (2009): Alfred C. Kinsey. In: Volkmar Sigusch (Hg.): Personenlexikon der Sexualforschung. Frankfurt, M, New York, NY: Campus-Verl, S. 350–359.

Schrodt, Torsten (2004): Schwul-lesbische Jugendarbeit als sozialpädagogische Herausforderung und sozialpolitische Aufgabe. 1. Aufl.: GRIN Verlag.

Senatsverwaltung für Schule, Jugend und Sport Fachbereich für gleichgeschlechtliche Lebensweisen Berlin (Hg.) (1999): Sie liebt sie. Er liebt ihn. Eine Studie zur psychosozialen Situation junger Lesben, Schwuler und Bisexueller in Berlin. Berlin.

Sielert, Uwe / Timmermanns, Stefan (o. J.): Expertise zur Lebenssituation schwuler und lesbischer Jugendlicher in Deutschland. Eine Sekundäranalyse vorhandener Untersuchungen. Online verfügbar unter http://www.sielert.uni-kiel.de/Dokumente/Expertise%20Homosexuelle%20Jugendliche.pdf, zuletzt geprüft am 01.10.20132

Spiegel online (2013): Ärger um städtischen Schulkalender: "Drogen machen hässlich". Anti-Drogen-Kampagne der Stadt Zweibrücken: "Auf keinen Fall okay". Hg. v. Spiegel Verlag. Online verfügbar unter http://www.spiegel.de/schulspiegel/kalender-der-stadt-zweibruecken-wird-als-schwulenfeindlich-kritisiert-a-881021.html, zuletzt geprüft am 17.05.2013.

Treumann, Klaus Peter (Hg.) (2007): Medienhandeln Jugendlicher. Mediennutzung und Medienkompetenz; Bielefelder Medienkompetenzmodell. 1. Aufl. Wiesbaden: VS, Verl. für Sozialwiss.

Unterforsthuber, Andreas (2011): "Da bleibt noch viel zu tun…!". Befragung von Fachkräften der Kinder- und Jugendlhilfe zur Situation von lesbischen, schwulen und transgender Kindern, Jugendlichen und Eltern in München. Hg. v. Direktorium Landeshauptstadt München. Koordinierungsstelle für gleichgeschlechtliche Lebensweisen. München.

Wagenknecht, Peter (2007): Was ist Heteronormativität? Zu Geschichte und Gehalt des Begriffs. In: Jutta Hartmann (Hg.): Heteronormativität. Empirische Studien zu Geschlecht, Sexualität und Macht. 1. Aufl. Wiesbaden: VS, Verl. für Sozialwiss (10), S. 17–34.

Watzlawik, Meike (2003): Jugendliche erleben sexuelle Orientierungen. Eine Internetbefragung zur sexuellen Identitätsentwicklung bei amerikanischen und deutschsprachigen Jugendlichen im Alter von 12 bis 16 Jahren. Braunschweig. Online verfügbar unter http://www.gleichgeschlechtliche-lebensweisen.hessen.de/global/show_document.asp?id=aaaaaaaaaaaafih, zuletzt geprüft am 03.11.2012.

Watzlawik, Meike / Kobs, Julia (2009a): Warum haben Lesben schwule Freunde? Jemand muss ihnen doch sagen was sie anziehen sollen! Vorurteile auf dem Prüfstand. In: Watzlawik, Meike / Heine, Nora (Hg.): Sexuelle Orientierungen. Weg vom Denken in Schubladen. Göttingen: Vandenhoeck & Ruprecht GmbH & Co. KG, S. 15–36.

Watzlawik, Meike / Weil, Simone (2009b): Coming.out - Was motiviert zu diesem Schritt? Eine Internetumfrage unter schwulen und bisexuellen Männern. In: Watzlawik, Meike / Heine, Nora (Hg.): Sexuelle Orientierungen. Weg vom Denken in Schubladen. Göttingen: Vandenhoeck & Ruprecht GmbH & Co. KG, S. 79–90.

11 Anhang

Mediennutzungsverhalten von jungen Lesben, Schwulen und Bisexuellen.

Fragebogen

Dieser Fragebogen richtet sich ja an junge Lesben, Schwule und Bisexuelle. Um die Ergebnisse besser interpretieren zu können, sind folgende Fragen für uns besonders wichtig. Bist Du geoutet (vollständig, überwiegend, überwiegend nicht, gar nicht)... (F001) *

	vollständig	überwiegend	wenig	gar nicht	Ich möchte/ kann die Frage nicht beantworten
... in der Familie (Eltern / Geschwister / weitere Verwandte)	○	○	○	○	○
... in Schule / Ausbildungsbetrieb / Beruf	○	○	○	○	○
... im Freundeskreis, in der Clique	○	○	○	○	○
... im Verein, in der Partei, o. ä.	○	○	○	○	○
... anderswo	○	○	○	○	○

Hast oder hattest Du das Gefühl, dass es besser ist Deine Homosexualität in einem Lebensbereich ganz oder teilweise zu verbergen? (F002) *

	Ja	Nein	Ich möchte/ kann die Frage nicht beantworten
Schule/ Ausbildung/ Beruf	○	○	○
Eltern/ Geschwister/ Großeltern	○	○	○
weitere Verwandte	○	○	○
Freundeskreis/ Clique	○	○	○
Nachbarn/ Wohnumfeld	○	○	○
Verein/ etc.	○	○	○

Was sind Deine Interessen in der lesbischen / schwulen Welt? (F003) *

Mehrfach-antworten sind möglich!

- Nichts (nicht in der schwulen / lesbischen Welt unterwegs)
- Kontakt halten zu Freunden / Bekannten
- Freunde / Bekannte finden bzw. kennen lernen
- Austausch / Gespräche
- Sexuelle Kontakte
- Freund / Freundin finden (Beziehung)
- (politisch) aktiv werden
- Spaß haben
- Party machen
- Anderen helfen
- Unterstützung bei Problemen / Coming-Out o.ä. bekommen
- Ich möchte/ kann die Frage nicht beantworten

Wie alt bist Du? (F004) *

- 14-15 Jahre
- 16-17 Jahre
- 18-19 Jahre
- 20-21 Jahre
- 21-27 Jahre

Wie alt warst Du, als Du Dir das erste Mal bewusst Gedanken zur Homosexualität gemacht hast (Beginn inneres Coming Out) (F 004a) *
Gib Dein Alter in Ziffern ein, wenn du es nicht mehr genau weißt kannst Du das Alter auch schätzen

	jünger als 12	12-15	16-19	20-25	älter als 25
Ich war ca.					

Die Alltags- und Freizeitgestaltung von Jugendlichen hängt natürlich auch von dem Angebot der Umgebung ab. Daher ist für mich interessant, woher Du kommst. In welchem Bundesland lebst Du?
(F 005) *

In welcher Stadt wohnst Du? (F 005a) *

Wie würdest Du Deine sexuelle Orientierung einordnen? (F 006)Überspringe diese Frage, wenn Du sie nicht beantworten möchtest oder nicht beantworten kannst.

	homo	eher homo	bi	eher hetero	hetero
männlich	○	○	○	○	○
weiblich	○	○	○	○	○
trans*	○	○	○	○	○

Bist Du (F 007) *

- ◉ Schülerin/ Schüler
  (überspringe später Frage F 009)
- ○ Auszubildende/ Auszubildender
  (mache weiter mit Frage (F 009)
- ○ Studentin/ Student
  (mache weiter mit Frage (F 009)
- ○ schon berufstätig(
  mache weiter mit Frage (F 009)

Schulform

Welche Schulform besuchst Du? (F 008) *

- ☐ Hauptschule
- ☐ Realschule
- ☐ Gesamtschule
- ☐ Gymnasium

Schulabschluss

Was ist Dein höchster Bildungsabschluss? (F 009) *

- ○ kein Abschluss erreicht
- ○ Hauptschulabschluss
- ○ Fachoberschulreife/ Mittlere Reife (Abschluss der 10. Klasse)
- ○ Fachhochschulreife (Abitur)
- ○ abgeschlossenes Studium

Medienausstattung

Die Medienvielfalt die heutzutage besteht, führt zu einer sehr unterschiedlichen Ausstattung der Haushalte mit verschiedenen Medien. Wie ist die Medienausstattung des Haushaltes in dem Du lebst? (F 010) *

Bitte alle Geräte ankreuzen, auch wenn sie Dir nicht gehören oder Du sie nicht nutzt, sie aber im Haushalt vorhanden sind.

- ☐ Computer/ Laptop
- ☐ Handy
- ☐ Smartphone/ iPhone
- ☐ Fernseher
- ☐ Radio
- ☐ DVD Player (nicht PC/ Laptop)
- ☐ DVD Rekorder
- ☐ DVD Rekorder mit Festplatte
- ☐ Tablet-PC iPad
- ☐ Feste Spielekonsole (Playstation, Wii, o.ä.)
- ☐ tragbare Spielekonsole
- ☐ MP3/ MP4 Player/ iPod
- ☐ Digitalkamera
- ☐ Internetzugang (nicht über Handy/ Smartphone)
- ☐ Sonstiges: ____

Um die Lebenssituation aller befragten besser darstellen zu können, ist für mich wichtig wie/ wo Du lebst. (F 011) *

- ☐ bei meinen Eltern (oder einem Elternteil bei getrennt lebenden Eltern)
- ☐ alleine im meiner eigenen Wohnung
- ☐ in einer WG mit Freunden
- ☐ Wohngruppe (BeWo)
- ☐ Sonstiges: ____

Oft werden Medien nur als Geräte verstanden. Über Geräte hinaus gibt es noch andere Medien, die Geräteunabhängig im Haushalt existieren können. Zu welchen weiteren Medien(inhalten) hast Du Zugang? (F 012) *

- ☐ Abonnement einer Tageszeitung
- ☐ Abonnement einer Zeitschrift
- ☐ Abonnement von Fernsehdiensten (Sky o.ä.)
- ☐ Sonstiges: ___

Um die Mediennutzung homosexueller Jugendlicher besser erfassen zu können, ist neben der Ausstattung des Haushalts in dem sie leben, natürlich der Besitz von eigenen Mediengeräten wichtig. Welche der folgenden Medien gehören Dir, so dass Du über sie in der Regel frei verfügen kannst
(F 013) *
Bitte alle Geräte ankreuzen, die Dir gehören, so dass Du immer über sie verfügen und sie dementsprechend auch uneingeschränkt nutzen kannst.

- ☐ Computer/ Laptop
- ☐ Handy
- ☐ Smartphone/ iPhone
- ☐ Fernseher
- ☐ Radio
- ☐ DVD Player (nicht PC/ Laptop)
- ☐ DVD Rekorder
- ☐ DVD Rekorder mit Festplatte
- ☐ Tablet-PC iPad
- ☐ Feste Spielekonsole (Playstation, Wii, o.ä.)
- ☐ tragbare Spielekonsole
- ☐ MP3/ MP4 Player/ iPod
- ☐ Digitalkamera
- ☐ Internetzugang (nicht über Handy/ Smartphone)
- ☐ Sonstiges: ___

Freizeitaktivitäten

Natürlich ist neben der Nutzung von Medien in Schule, Beruf und Freizeit auch wichtig, welche anderen Aktivitäten von Bedeutung sind. Welche der aufgeführten Freizeitaktivitäten führst Du regelmäßig aus? (F 014) *

	täglich/ mehrmals in der Woche	einmal pro Woche - einmal pro 14 Tage	einmal im Monat - seltener	nie
Sport	◌	◌	◌	◌
Familienunternehmungen	◌	◌	◌	◌
selbst Musik machen	◌	◌	◌	◌
Malen, basteln	◌	◌	◌	◌
Sportveranstaltungen besuchen	◌	◌	◌	◌
Einkaufsbummel	◌	◌	◌	◌
Partys	◌	◌	◌	◌
Lesen	◌	◌	◌	◌
Besuch von Büchereien	◌	◌	◌	◌
mit Freunden treffen	◌	◌	◌	◌
Disco	◌	◌	◌	◌
Kirche	◌	◌	◌	◌
chillen	◌	◌	◌	◌

Viele Jugendliche engagieren sich in ihrer Freizeit in Vereinen oder gehören anderen Gruppen an. Wie sieht das bei Dir aus? Besuchst Du... (F 015) *

- [ ] einen Sportverein?
- [ ] eine Gruppe oder Clique, die sich regelmäßig trifft?
- [ ] Kirchliche/ religiöse Gruppe?
- [ ] einen Musikverein/ Gesangsverein/ Chor?
- [ ] eine Initiative die Sich für Umwelt oder Soziales einsetzt?
- [ ] einen Heimatverein, z. B. Folklore- oder Fastenverein, Schützenverein?
- [ ] eine politische Vereinigung/ Partei?
- [ ] Anderes?

Für Jugendliche spielen Medien eine bedeutende Rolle in ihrem Alltag. Wie sieht Deine Medienbeschäftigung in Deiner Freizeit aus? (F 016) *Wie oft nutzt Du folgende Medien?

	täglich/ mehrmals pro Woche	einmal pro Woche - einmal pro 14 Tage	einmal pro Monat - seltener	nie
Internet (egal über welchen Weg, ob Smartphone oder PC)	○	○	○	○
Fernsehen (egal über welchen Weg, ob Smartphone oder PC)	○	○	○	○
Handy (telefonieren/ Nachrichten schreiben)	○	○	○	○
MP3 Player	○	○	○	○
Radio (egal über welchen Weg, ob Smartphone oder PC)	○	○	○	○
Musik-CDs	○	○	○	○

	täglich/ mehrmals pro Woche	einmal pro Woche - einmal pro 14 Tage	einmal pro Monat - seltener	nie
Bücher				
Tageszeitung				
Digitalkamera				
Computer-Konsolenspiele (offline)				
Computer (offline)				
DVD/ Video				
Zeitschriften/ Magazine				
Tageszeitung (online)				
Zeitschriften (online)				
Hörspiele/ Hörbücher (CDs/ Kassetten)				
Digitale Filme / Videos machen				
E-Books lesen				
Kino				

Wichtigkeit der Medien

Neben der Häufigkeit, wie oft man bestimmte Medien nutzt, kommt es zu einer persönlichen Bewertung von Medien und ihrer Wichtigkeit. Wie wichtig ist Dir persönlich folgende Mediennutzung? (F017) *egal über welchen Weg die Nutzung erfolgt.

	gar nicht wichtig	geringfügig wichtig	wichtig	sehr wichtig
Musik hören	○	○	○	○
Internet nutzen	○	○	○	○
Handy nutzen	○	○	○	○
Radio hören	○	○	○	○
Fern zu sehen	○	○	○	○
Bücher zu lesen	○	○	○	○
PC-/ Videospiele zu nutzen	○	○	○	○
Tageszeitung zu lesen	○	○	○	○

Glaubwürdigkeit der Medien

Die aktuelle Medienlandschaft geht mit einem großen Angebot an Informationsquellen einher. Stell Dir einmal vor, Du findest zu einem Thema unterschiedliche und widersprüchliche Informationen. Welchem Medium würdest Du am ehesten glauben? (F 018) *

○ dem Radio?
○ dem Fernsehen?
○ dem Internet?
○ der Tageszeitung?

Computer und Internet

Welche der folgenden Aussagen trifft/ treffen auf Dich zu? (F 019) *

- Ich besitze kein internetfähiges Gerät (weder einen eigenen Laptop/ PC/ Tablet-PC oder Smartphone)
- Ich besitze einen Computer
- Ich besitze Computer und Laptop
- Ich besitze mehr als 2 internetfähige Geräte (einschließlich Smartphone)

Besonders interessant für diese Befragung ist die Nutzung des Internets. Steht Dir regelmäßig ein Internetzugang in Deinem Haushalt zur Verfügung? (F 020) *

- Ich kann hin und wieder in der Schule oder bei Freunden das Internet nutzen
- Ja, in unserem Haushalt gibt es einen Internetanschluss, ich kann aber nicht frei darüber verfügen, bzw. immer darauf zugreifen.
- Ja, ich habe einen eigenen Internetzugang.
- Ja, ich kann immer wann und wie ich will auf unseren Internetzugang zugreifen.
- Nein, mir steht überhaupt kein Internetzugang zur Verfügung. (Überspringe die nächsten Fragen!

Mache auf Seite 18 mit der Frage F028 weiter.

Internetnutzung

Wie viel Minuten pro Tag nutzt Du das Internet (durchschnittlich) (F 021) *
Egal über welches Medium

Wie viel Minuten pro Woche nutzt Du das Internet (durchschnittlich) (F 021a) *
Egal über welches Medium

Über welche Medien hast Du in den letzten 14 Tagen das Internet genutzt? (F 022) *
Mehrfachnennungen sind möglich

- ☐ Computer/ Laptop
- ☐ Handy/ Smartphone
- ☐ Tablet PC
- ☐ Spielekonsole
- ☐ MP3-Player/ iPod
- ☐ Fernseher

Wofür nutzt Du das Internet am häufigsten, wofür am wenigsten? (F023) *

	am häufigsten	häufig	wenig	am wenigsten
Kommunikation	○	○	○	○
Spiele	○	○	○	○
Informationssuche	○	○	○	○
Unterhaltung (z.B. Musik, Videos, Bilder)	○	○	○	○

Wozu nutzt Du wie oft das Internet? (F 024) *In dieser Frage geht es um den Schwerpunkt Kommunikation

	täglich/ mehrmals pro Woche	einmal pro Woche - einmal pro 14 Tage	einmal pro Monat - seltener	Nie
online Communities wie z. B. MeinVZ/ StudiVZ/ Facebook/ Gayromeo/ Funkyboys/ Lesarion/ o.a. nutzen	◌	◌	◌	◌
Emails empfangen und versenden	◌	◌	◌	◌
Chatten/ Chatrooms besuchen	◌	◌	◌	◌
Instant-Messanger wie z. B. ICQ/ MSN nutzen	◌	◌	◌	◌
über das Internet telefonieren/ skypen	◌	◌	◌	◌
sich mit anderen Internet-Nutzern in Multi-User-Spielen unterhalten	◌	◌	◌	◌
Tweets lesen	◌	◌	◌	◌
Twittern	◌	◌	◌	◌

Wozu nutzt Du wie oft das Internet? (F 024) *In dieser Frage geht es um den Schwerpunkt Unterhaltung

	täglich/ mehrmals pro Woche	einmal pro Woche - einmal pro 14 Tage	einmal pro Monat - seltener	nie
Videoportale nutzen	○	○	○	○
Musik/ Sounddateien am Computer über das Internet hören	○	○	○	○
Videos ansehen/ herunter laden	○	○	○	○
Über das Internet Radio hören	○	○	○	○
TV-Sendungen (zeitversetzt) sehen	○	○	○	○
DVDs am Computer schauen	○	○	○	○
Mediatheken nutzen	○	○	○	○
TV Sendungen Live sehen	○	○	○	○

Wozu nutzt Du wie oft das Internet? (F 025) *In dieser Frage geht es um den Schwerpunkt sich informieren

	täglich/ mehrmals pro Woche	einmal pro Woche - einmal pro 14 Tage	einmal pro Monat - seltener	nie
Suchmaschinen nutzen	○	○	○	○
Informationen suchen (nicht für Schule/ Ausbildung)	○	○	○	○
Wikipedia o.ä. nutzen	○	○	○	○
Newsgroups lesen	○	○	○	○
Informationsportale lesen (nicht auf Printmedien bezogen)	○	○	○	○
Nachrichtenportale (Printmedien) nutzen	○	○	○	○
Regionale Veranstaltungen suchen	○	○	○	○
Sport-Live Ticker nutzen	○	○	○	○
Webblogs lesen	○	○	○	○
Nachrichtenportale (TV-Sender) nutzen	○	○	○	○
Podcasting	○	○	○	○

Wozu nutzt Du wie oft das Internet? (F 026) *In dieser Frage geht es um den Schwerpunkt Schule und Freizeit

	täglich/ mehrmals pro Woche	einmal pro Woche - einmal pro 14 Tage	einmal pro Monat - seltener	nie
Zu Hause für Schule/ Ausbildung/ Studium lernen/ arbeiten	○	○	○	○
Nach Informationen für Schule/ Ausbildung/ Studium suchen	○	○	○	○
In der Schule/ Uni mit Computern/ Internet arbeiten	○	○	○	○
Bilder/ Filme bearbeiten	○	○	○	○
Musik-CDs/ MP3s zusammenstellen	○	○	○	○
Präsentationen oder Referate erstellen	○	○	○	○
Soundbearbeitung (Bearbeitung von Tönen und Musik)	○	○	○	○
komponieren (Selbst Musik machen am/ mit dem Computer)	○	○	○	○

Wozu nutzt Du wie oft das Internet? (F 027) *In dieser Frage geht es um den Schwerpunkt Web 2.0

	täglich/ mehrmals pro Woche	einmal pro Woche - einmal pro 14 Tage	einmal pro Monat - seltener	nie
In Newsgroups/ Foren schreiben	○	○	○	○
Fotos/ Videos einstellen	○	○	○	○
Musik/ Sound-Dateien einstellen	○	○	○	○
Twittern	○	○	○	○
Webblogs verfassen	○	○	○	○
Etwas in Wikipedia a.ä. schreiben	○	○	○	○
Podcasts erstellen	○	○	○	○

Online-Communities

Welche online-Communities kennst und nutzt Du? (F 028) *

	Kenne ich, nutze es aber nicht	Kenne und nutze ich	Noch nie gehört
Facebook	◌	◌	◌
MeinVZ	◌	◌	◌
Twitter	◌	◌	◌
Jappy	◌	◌	◌
Skype	◌	◌	◌
SchülerCC	◌	◌	◌
StudiVZ	◌	◌	◌
Gayromeo	◌	◌	◌
Funkyboys	◌	◌	◌
DBNA	◌	◌	◌
Lesarion	◌	◌	◌
Communitys mit sexuellen Inhalten	◌	◌	◌
andere	◌	◌	◌

Wenn andere, welche?

____

Wer eine Online-Community nutzt, hat eine Vielzahl verschiedener Anwendungsoptionen. Wozu nutzt Du wie oft die verschiedenen Communities? (F 029) *egal welche der von Dir genutzten Communities

	täglich/ mehrmals pro Woche	einmal pro Woche - einmal pro 14 Tage	einmal pro Monat - seltener	nie
Nachrichten an andere verschicken	○	○	○	○
in einer Online-Community chatten	○	○	○	○
Bei anderen auf die Pinnwand/ ins Gästebuch schreiben	○	○	○	○
Nach Bekannten suchen	○	○	○	○
Nach neuen Kontakten suchen	○	○	○	○
posten was man gerade so macht	○	○	○	○
Spiele spielen	○	○	○	○
Fotos/ Videos einstellen	○	○	○	○
Das eigene Profil bearbeiten	○	○	○	○

Um an sozialen Netzwerken teilhaben zu können, muss man sich meistens in Form von Profilen registrieren. Welche Informationen gibst Du über Dich in den Communities preis? (F 030) *

	Ja	Nein
Bist Du in einer Community mit richtigem Vor und Zunamen registriert?	○	○
Bist Du in einer Community nur mit richtigem Vornamen registriert?	○	○
Bist Du in einer Community nur mit richtigem Zunamen registriert?	○	○
wählst Du zur Anmeldung in (nicht homosexuell orientierten) Communities Nick-Names (Pseudonyme)	○	○
Ich gebe immer mein richtiges Alter an	○	○
Ich mache mich schon mal jünger	○	○
Ich mache mich schon mal älter	○	○
Ich bin in keinem sozialen Netzwerk registriert	○	○

In sozialen Netzwerken ist es üblich, Freundschaftsanfragen zu stellen und die der anderen zu akzeptieren oder abzulehnen. Mit wie viel Freunden/ Freundinnen bist Du durchschnittlich vernetzt?
(F 031) *
Gib diese Zahl in Form von Ziffern ein. Du kannst es auch schätzen. Wenn Du in keinem sozialen Netzwerk angemeldet bist, dann gib die Zahl 0 an.

Das Thema Datensicherheit wird oft und viel diskutiert. Hast Du die Privacy-Option z.B. in Deinem Facebook Profil (oder in anderen social-communities) aktiviert? (F 032) *

- Ja
- Nein
- Ich habe mich noch nicht mit diesen Einstellungen befasst.
- Ich bin in keinem sozialen Netzwerk registriert

Wie sicher fühlst du Dich in Bezug auf den Schutz Deiner persönlichen Daten in den sozialen Netzwerken? (F 033) *Auch wenn Du in keinem sozialen Netzwerk angemeldet bist, kannst du hier Deine Einschätzung zu diesem Thema mitteilen.

	1	2	3	4	
Sehr sicher	○	○	○	○	Gar nicht sicher

Profile in den sozialen Netzwerken dienen ja auch dazu, sich zu präsentieren. Welche persönlichen Daten hinterlegst Du in Deinen Profilen? (F 034) *
Wenn Du (noch) nicht in einem sozialen Netzwerk angemeldet bist, gib an welche Daten Du wahrscheinlich veröffentlichen würdest.

	Nein	Nur in Kontexten die nicht im Zusammenhang mit Homosexualität stehen.	Auch in Kontexten die im Zusammenhang mit Homosexualität stehen.
Informationen über Hobbies und andere Tätigkeiten	○	○	○
Eigene Fotos und Filme	○	○	○
Eigene Email-Adresse	○	○	○
Fotos/ Filme auf denen Familie und Freunde zu sehen sind	○	○	○
Eigene Instant Messenger Nummer (z.B. Skype; ICQ)	○	○	○
Eigene Blogs, Twitter, Internettagebücher	○	○	○
Eigene Telefon-/ Handynummer	○	○	○

Handynutzung

Das Handy ist bereits seit Jahren fester Bestandteil der jugendlichen Mediennutzung. Wie sieht das bei Dir aus? (F 035) *

- Ich besitze ein Handy
- Ich besitze ein Smartphone
- Ich besitze weder Handy noch Smartphone

Welche Ausstattungsmerkmale hat Dein Handy/ Smartphone? (F 036) *

- internetfähig (unabhängig von WLan)
- WLan
- Android (Betriebssystem)
- Mac OS (Betriebssystem/ Apple)

- Sonstiges:

Wie alt ist Dein Handy/ Smartphone? (F 037) *
Gib bitte die Anzahl der Monate als Ziffer ein.

Internet per Handy ist seit vielen Jahren bereits möglich und dieses auch unabhängig von dem Besitz eines Smartphone. Nutzt Du das Internet per Handy? (F 038) *

- Ja
- Nein

Wenn ja, hast Du eine Internetflatrate? (F 038a) *

- Ja
- Nein

Eine wichtige Rolle in der Nutzung eines Smartphone sind Apps. Welche Apps sind für Dich sehr bedeutsam und wichtig? (F 039) * Kreuze bitte bis zu drei Kategorien an.

- [ ] Communities
- [ ] Apps die gleichgeschlechtliche Kontakte ermöglichen
- [ ] Apps die sexuelle Kontakte ermöglichen
- [ ] Instant-Messenger
- [ ] (Computer-)Spiele
- [ ] Videoportale
- [ ] Musik-Apps/ -Player
- [ ] Sport-Apps
- [ ] Browser/ Internetnutzung
- [ ] Navigation/ GPS
- [ ] Foto-Apps/ Bildbearbeitung
- [ ] Termine/ Organisation
- [ ] Ich nutze keine Apps
- [ ] Sonstiges: ____

Mobiltelefone bieten mittlerweile über das Telefonieren hinaus unzählige Funktionen. Welche Funktionen nutzt Du täglich/ mehrmals pro Woche auf/ mit Deinem Handy/ Smartphone? (F 040) *Mehrfachnennungen sind möglich.

- [ ] anrufen/ angerufen werden
- [ ] SMS schicken/ bekommen
- [ ] Musik hören
- [ ] Weckfunktion nutzen
- [ ] Communities übers Handy nutzen
- [ ] Im Internet surfen
- [ ] Fotos/ Filme machen
- [ ] Kalenderfunktion nutzen
- [ ] Handyspiele spielen
- [ ] Servicemeldungen (z.B. Wetter/ Verkehr/ ...) abrufen
- [ ] Videos im Internet anschauen
- [ ] E-Mails abrufen/ verschicken
- [ ] MP3s verschicken
- [ ] Newsticker/ Newsletter empfangen
- [ ] Navigationsfunktion nutzen
- [ ] Fernsehen
- [ ] Sonstiges: ____

Handys und Datentausch

Handys und Smartphone dienen heutzutage auch oft als Datenträger. Nicht nur Musik und Fotos, sondern auch Videos sind oftmals auf den Mobiltelefonen gespeichert und werden darüber dann auch getauscht. Oftmals sind es die nicht jugendfreien Inhalte die hier einen besonderen Reiz darstellen.

(F 041) *

	Habe ich selbst schon mal verschickt	Habe ich selbst schon mal bekommen	Habe ich sowohl bekommen als auch verschickt	Ich habe mir so was auf Handys anderer angeschaut	Habe ich noch keinen Kontakt zu gehabt
brutale Videos/ Bilder	○	○	○	○	○
pornografische Videos/ Bilder	○	○	○	○	○
Homo-pornografische Videos/ Bilder	○	○	○	○	○
lustige Videos/ Bilder	○	○	○	○	○
selbst gefilmte Schlägereien/ Demütigungen	○	○	○	○	○

Medienkompetenzvermittlung in der Schule

Hast Du in der Schule im Unterricht oder in einer AG schon mal Themen wie Internet, Handy, Online-Communities, Datenschutz durchgenommen? (F 042) *

- ○ Ja
- ○ Nein

Wie beurteilst Du die Medienkompetenzvermittlung in der Schule? (F 043)*

- ☐ Ich verstehe nun Themen wie Internet, Handy, Communities oder Datenschutz besser
- ☐ Ich habe etwas Neues gelernt
- ☐ Ich habe bei der Nutzung von Internet, Handy oder Communities mein Verhalten geändert
- ☐ Ich habe nichts Neues gelernt

Technische Kompetenzen

Die Frage nach der Medienkompetenz von Jugendlichen beinhaltet natürlich auch technische Kompetenzen. Welche der folgenden Tätigkeiten hast Du bereits durchgeführt. (F 044) *
Die beschriebene Tätigkeit sollte nicht ein Zufallsergebnis von planlosem ausprobieren gewesen sein.

- ☐ Zusatzgeräte am Computer installiert (z.B. Drucker)
- ☐ Software aus dem Internet heruntergeladen
- ☐ Mich auf Internetseiten angemeldet/ registriert
- ☐ Nachrichten von bestimmten Leuten geblockt (z.B. E-Mails, Whats-app Kontakte etc.)
- ☐ Cookies und Verläufe auf dem Computer gelöscht
- ☐ Arbeitsspeicher am Computer/ Laptop erweitert
- ☐ Netzwerkkomponenten installiert
- ☐ Festplatte partitioniert
- ☐ Handy/ Smartphone mit dem Computer synchronisiert
- ☐ alles noch nicht gemacht
- ☐ Sonstiges: ____

Wichtigkeit von Computer, Internet und anderen digitalen Medien

Hier kommen nun die letzten Fragen.

Cybermobbing gehört leider zu den Schattenseiten des Internetzeitalters. (F 045) *

	Ja	Nein	Weiß ich nicht	ich möchte/ kann diese Frage nicht beantworten
Gibt es jemanden in deinem Bekanntenkreis, der schon mal im Internet fertig gemacht wurde?	○	○	○	○
Bist Du selbst schon mal im Internet fertig gemacht worden?	○	○	○	○
Wenn Du schon mal Mobbing im Internet selbst erlebt hast, war Deine sexuelle Orientierung der Anlass dafür?	○	○	○	○
Hast Du selbst schon einmal jemanden im Internet gemobbt?	○	○	○	○
Hast Du selbst schon einmal jemanden im Internet gemobbt und waren eigene Diskriminierungserfahrungen Auslöser dafür?	○	○	○	○

Homosexuelle Jugendliche haben ganz andere Probleme und Schwierigkeiten in der Pubertät als die heterosexuellen Jugendlichen. Glaubst Du, dass sich diesbezüglich die Mediennutzung (Internet, Computer, Smartphone, etc.) von homo - Jugendlichen zu der von hetero Jugendlichen unterscheidet? (F 046) *

	1	2	3	4	
Ja, sehr sogar	○	○	○	○	Nein, überhaupt nicht

Wie beurteilst Du persönlich die Wichtigkeit von Computern, Internet und digitalen Medien in Bezug auf den Prozess des Coming-Out und des Findungsprozesses der sexuellen Orientierung? (F 047) *

	1	2	3	4	
Sehr wichtig	○	○	○	○	unwichtig

Für welche Inhalte nutzt Du das Internet und digitale Medien häufiger? (F 048) *

- ○ Inhalte rund um das Thema Homosexualität & Coming-Out
- ○ Inhalte die nichts mit Homosexualität und Coming-Out zu tun haben.
- ○ für beide Inhalte gleicher maßen

Welche Communities und Foren nutzt du häufiger? (F 049) *

- ○ Communities und Foren im Kontext Homosexualität & Coming-Out (z.B. Lesarion/ Gayromeo, etc.)
- ○ Communities und Foren die nichts mit Homosexualität und Coming-Out zu tun haben. (z.B. Facebook)
- ○ für beide Inhalte gleicher maßen

Übersicht der zur Veröffentlichung der Umfrage kontaktierten Einrichtungen

Organisation / Einrichtung	Institutionsbeschreibung
SVLS e.V.	Träger für LSBT-Jugendtreffs & der Beratungsstelle Lebenslust
together mülheim	LSBT Jugendtreff
together essen	LSBT Jugendtreff
together gelsenkirchen	LSBT Jugendtreff
together krefeld	LSBT Jugendtreff
Aidshilfe NRW	AIDS-HILFE NRW e.V.
Herzenslust NRW	AIDS-HILFE NRW e.V.
Schwules Netzwerk NRW e.V.	Schwules Netzwerk NRW e.V.
LAG Lesben NRW	Landesarbeitsgemeinschaft Lesben in Nordrhein-Westfalen e.V.
LSVD NRW	LSVD NRW
Paritätischer Wohlfahrtsverband	Paritätischer Wohlfahrtsverband NRW
SchLAu NRW	SchLAu NRW c/o Schwules Netzwerk NRW e.V.
Landeskoordination Anti Gewalt	Landeskoordination Anti-Gewalt-Arbeit für Lesben und Schwule in NRW
Schule der Vielfalt	Landeskoordination „Schule der Vielfalt“
Rubicon (Köln)	Sozialwerk für Lesben und Schwule
Rubicon (Köln)	Rubicon-Beratungszentrum
Rosa Strippe (Bochum)	LSB-Beratungsstelle
Schibsel (Dortmund)	Lesbenberatung
KCM (Münster)	KCM Schwulenzentrum Münster e.V.
andersROOM (Siegen)	Schwul-Lesbisches Jugendzentrum Siegen
BEFAH	Bundesverband der Eltern, Freunde und Angehörigen von Homosexuellen (BEFAH) e.V: Hauptgeschäftsstelle Wedemark
Knutschfleck e.V.	lesbisch schwuler Jugendtreff Aachen
Café farbenfroh	lesbisch schwuler Jugendtreff Bielefeld
freiraum	lesbisch schwuler Jugendtreff Bochum
Jugendarbeit in der AIDS-Hilfe Bonn	Aids-Hilfe Bonn e.V.
KCR (Dortmund)	Mosquitos Jugendgruppe c/o KCR Dortmund
Sunrise (Dortmund)	Sunrise Schwul-lesbische Jugendbildungs- und Beratungseinrichtung
Puls (Düsseldorf)	Jugendzentrum PULS
anyway (Köln)	Jugendzentrum anyway
Track (Münster)	Track Münster Jugendtreff in der alten Dechanel
Mgay (Mönchengladbach)	MGay c/o AIDS-HILFE Mönchengladbach/Rheydt e.V.
YoHo (Siegen)	AndersROOM c/o SIS e.V.
B.J. Wuppertal e.V.	BJ Wuppertal c/o Aidshilfe Wuppertal
SlaM and friends (Moers)	SlaM and Friends Moers e.V. Schwule, Lesben und Freunde aus Moers

Organisation / Einrichtung	**Institutionsbeschreibung**
RWTH Aachen	Schwulenprojekt an den Aachener Hochschulen e.V.
Uni Bielefeld	Autonomes Schwulenreferat Uni Bielefeld / SchwuR
Ruhr Uni	Autonomes Schwulenreferat c/o AstA der RUB
EFH Bochum	Schwulen- und Lesbenreferat
Uni Dortmund	Autonomes Schwulenreferat c/o AstA Uni Dortmund
Uni Duisburg – Essen Campus Duisburg	SchwuBiLe Universität Duisburg - Essen c/o AstA Campus Duisburg
Uni Duisburg – Essen Campus Essen	SchwuBiLe Universität Duisburg - Essen c/o AstA Campus Essen
Uni Düsseldorf	Schwulenreferat Allgemeiner Studierendenausschuss der Heinrich-Heine-Universität
Uni Köln	Autonomes Lesben- und Schwulenreferat an der Universität zu Köln
FH Münster	Queerreferat AStA der FH Münster
Uni Münster	Autonomes Schwulenreferat der Universität Münster

Onlinecommunities

Gayromeo (Planetromeo)
DBNA
Funkyboys
Lesarion
Lesaopia
younggay.de
gayyouth.de